ELSINOR
VERLAG

Harry Graf Kessler, geboren am 23. Mai 1868 in Paris, gestorben am 30. November 1937 in der Nähe von Lyon. Kindheit in Frankreich, Deutschland, England und Amerika; Schulbesuch in Paris, Ascot und Hamburg. 1888 bis 1891 Studium in Bonn und Leipzig. 1902 bis 1906 Direktor des Museums für Kunst und Kunstgewerbe in Weimar. Verleger, Schriftsteller, Publizist, Diplomat, politischer Redner, Reichstagskandidat für die Deutsche Demokratische Partei und einflußreicher Kunstmäzen. Kessler, der Bismarck und Kaiser Wilhelm I. noch persönlich kannte und enge Kontakte zu führenden Schriftstellern, Künstlern, Intellektuellen und Politikern in Europa pflegte, zählt zu den bemerkenswerten Zeitzeugen aus Kaiserreich und Weimarer Republik. Als bedeutsamstes Vermächtnis gilt sein Tagebuch, das er 57 Jahre lang führte und dessen Edition noch nicht vollständig abgeschlossen ist.

Harry Graf Kessler

Lehrjahre

Erinnerungen an Schulzeit und Studium

Elsinor Verlag

Vollständige Wiedergabe des zweiten Kapitels («Lehrjahre») aus Harry Graf Kessler: *Gesichter und Zeiten. Erinnerungen* (Erstausgabe: 1935); siehe dazu auch den Quellennachweis.

Bibliografische Information Der Deutschen Nationalbibliothek
Die Deutsche Nationalbibliothek verzeichnet diese Publikation in der Deutschen Nationalbibliografie; detaillierte bibliografische Daten sind im Internet über https://portal.d-nb.de abrufbar.

1. Auflage 2011
Elsinor Verlag e. K., Coesfeld 2011
www.elsinor.de
Umschlag und Satz: Elsinor Verlag, Coesfeld
Umschlagfoto: Harry Kessler als Schüler in Ascot (um 1880)
Printed in Germany
ISBN 978-3-939483-20-5

Lehrjahre

I

Vierzig Jahre früher.* Wir fahren durch die schon herbstliche, unter einem feuchten Nebelschleier grün und golden schimmernde Themselandschaft. Meine Mutter, die für mich eine Sonderklasse zwischen Spielkameraden und Erwachsenen darstellt, sitzt mir in einem leichten Sommerkleid, vergißmeinnichtblau mit Silber, am Kupeefenster gegenüber und trägt ein silbergraues Kapotthütchen mit hellblauen Bändern, die neben dem Kinn zu einer breiten Schleife gebunden sind. Wir fahren von London nach Ascot, wohin sie mich nach meiner neuen Schule bringt. Ein junger Botschaftssekretär hat uns an die Bahn begleitet. War es der Baron Ludwig Plessen oder der junge Graf Paul Metternich? Ich weiß nicht mehr; ich sehe nur seinen Haarschopf, wie er sich zum Abschied über die Hand beugt, die meine Mutter ihm zum Fenster hinausreicht, und höre das helle Lachen der beiden bei irgendeinem Abschiedswort. Mir stehen die Tränen in den Augen, denn es naht die erste Trennung von meiner Mutter, unerbittlich, und mich schmerzt, daß ihr so heiter dabei zumute sein kann.

Ich bin zwölf geworden und entrinne der Hölle eines Pariser Halbinternates, wo ich wenig Gutes, aber manches Schlechte gelernt habe. Mich verfolgt das Bild eines kleinen schwarzhaarigen Teufels, der in der Klasse neben mir auf der Schulbank saß und mir keinen Tag Ruhe ließ. Um mich seiner widerlichen körperlichen Zugriffe zu erwehren, mußte ich fast täglich in den Pausen Boxkämpfe mit ihm ausfechten, die allerdings, da es auf französischen Schulen noch keinen regulären Boxkomment gab, meistens mit Kratzen und Beißen endeten, wobei ich, mit kräftigen Zähnen, das Beißen, er wie eine Katze das Kratzen bevorzugte. – Der große Kasten, in dem sich die Schule eingerich-

---

*Anknüpfung an das Ende des Ersten Kapitels von *Gesichter und Zeiten*, das vom Tod der Mutter im Jahr 1919 handelt.

tet hatte, wohl ein früheres Kloster, war unvorstellbar unsauber, vom Eßsaal bis zu den Latrinen starrte er vor Schmutz; und das magere Essen, das wir zu Mittag ausgeteilt bekamen, Wassersuppen, etwas zähes Fleisch und ein Getränk, das «Abondance» hieß, weil viel Wasser mit wenig Wein darin gemischt war, hatte mit «französischer Küche» keine Ähnlichkeit. Jeden Morgen ganz früh, im Winter noch bei Dunkelheit, wurden wir in einem blauen Pferdeomnibus, der wie ein Vorfahr der Grünen Minna vom Alexanderplatz aussah, von Hause abgeholt und am späten Nachmittag ebendort wieder abgeliefert. Beim Eintreffen in der Schule bekamen wir, um unser Zeug zu schonen, Überzüge an, schwarze Leinenkittel, die bis unter die Knie reichten und uns das Aussehen von kleinen Greisen mit einem Stich ins Mädchenhafte gaben. Trotz der Munterkeit und Gewandtheit, die gerade kleine Franzosen auszeichnet, hatte diese Jungensbande, wenn sie auf dem Hof herumstand oder spielte, nichts Jugendliches, sondern glich eher einer Versammlung von zwerghaften Beamten; um so mehr, als viele von den Jungen Orden trugen, die wöchentlich an die Fleißigsten verteilt und ihnen auf die Brust ihres schwarzen Kittels geheftet wurden. Von irgendwelcher Hygiene oder gar von Sport war nicht die Rede, kaum daß jeder Junge wöchentlich oder vierzehntägig ein Bad bekam. Einmal habe ich mir Läuse geholt. Der tägliche Wechsel zwischen zu Hause, wo um meine Mutter ein raffinierter Luxus und unter der Aufsicht von unserer Marie peinliche Sauberkeit und Ordnung herrschten, und diesem muffigen Internatsmilieu machte die Sache für mich unerträglich. Die Absicht meines Vaters mag gewesen sein, durch spartanische Tagesstunden die etwas weiche Atmosphäre des Hauses auszugleichen; in Wirklichkeit wurde ich aber körperlich und moralisch so zerrüttet, daß nach zwei Jahren der Hausarzt erklärte, wenn ich jetzt nicht fortkäme, könne er für nichts stehen. So entschlossen sich meine Eltern schweren Herzens, da es auf den anderen Schulen in Paris nicht viel besser war, mich in eine gesündere Umgebung nach England zu schicken. Ein junger Vetter von mir, der spätere Abgeordnete Harry Lynch, war in Slough, einer Vorschule von Eton, einem gewissen Mr. Kynnersley, einem Geistlichen, anvertraut gewesen und hing mit großer Liebe an ihm.

Dieser hatte inzwischen eine eigene Privatschule auf dem Lande bei Ascot aufgemacht. In diese sollte ich zur Gesundung, bis ich planmäßig nach Deutschland aufs Gymnasium kam.

Aber es wäre unrecht, zu verschweigen, was ich aus jenem Pariser Fegefeuer an dauerndem Gewinn forttrug. Am wertvollsten war wohl, daß durch den an Fanatismus grenzenden Kult, der mit der Sprache getrieben wurde, wir gedrillt waren, jedem Satz sozusagen in den Bauch zu sehen, ihn Wort für Wort zu zerlegen, bis er uns alle Geheimnisse seiner inneren Struktur offenbart hatte, und wir in der Lage waren, über sie wie über die Stücke eines anatomischen Präparates Rechenschaft abzulegen. Das wurde täglich mehrere Stunden nicht bloß an lateinischen, sondern auch an französischen Klassikern geübt und erzeugte mit der Zeit eine Klarheit des sprachlichen Denkens und Ausdrucks, die mir auch heute noch als der eigentliche Kern der französischen Kultur erscheint.

Wenn wir in der Arbeitsstunde über einen Satz von Cornelius Nepos oder einen Vers von Lafontaine gebeugt uns seine Syntax klarzumachen suchten, um für den nächsten Tag seine anatomische Struktur in einer sogenannten «Analyse» zu Papier zu bringen, wachte über unseren Fleiß nicht der Klassenlehrer, sondern ein armes Geschöpf, das «Pion» genannt wurde, eine Art von Mittelding zwischen Pedell und Vorschullehrer, eine gescheiterte Existenz, gering besoldet, halb verhungert, schlecht gekleidet, der gemeinsamen Verachtung sowohl der Lehrer wie der Schüler bewußt, und von den letzteren als Objekt vieler böser Bubenstreiche bevorzugt. Diese unglücklichen Geschöpfe wechselten häufig, ohne daß man je erfuhr, was aus den Verschwundenen geworden war. Aber einer, der so ähnlich wie Monsieur Péchu hieß, ist mir durch sein Schicksal in Erinnerung geblieben, der einzige von meinen französischen Lehrern, den ich noch, fast wie ein Gespenst, vor mir sehe. Er war lang und hager und offenbar schwindsüchtig, denn er hüstelte immerfort, einen kleinen trockenen Husten. An seiner Nase, deren Spitze tiefrot war, hing ein Tropfen, den er von Zeit zu Zeit mit dem Handrücken fortwischte. Seine Augen, die ebenfalls entzündet und auffallend klein waren, huschten wie die eines Frettchens, halb ängstlich, halb böse, immerfort von einem zum andern. Meistens saß er zusammengekrümmt, die langen Beine übereinandergeschlagen, auf dem Katheder. Aber plötzlich schoß er dann mit Gepolter die Stufen herunter auf einen Schüler los, und während er dann mit einer quäkenden Stimme überhastet einige unverständliche Worte sprach, sauste schon das Lineal, das er wie ein Schwert schwang, auf die Hand des Unglücklichen nieder; denn M. Péchu war hilflos und grausam. Es hieß, er sei Kommunist gewesen, von General Gallifet 1871 mit den anderen dreißigtausend Kommunisten an die Wand gestellt worden, durch ein Wunder nur mit einem Lungenschuß davongekommen, im Massengrab erwacht und durch dunkle Protektoren wieder in die Unterrichtslaufbahn zurückgelangt; allerdings nur als «Pion». Bei uns hieß er wegen seines unheimlichen Abenteuers «die Leiche». Wenn der Junge, den M. Péchu schlug, um die ganze Klasse wild zu machen, ein furchtbares Gebrüll anstimmte, dann bekam M. Péchu Mitleid mit ihm und versuchte, ihn zu trösten; aber die übrige Klasse ergriff dann zum Schein für M. Péchu Partei, beschimpfte den geschlagenen Jungen, leitete dadurch einen Höllenspektakel ein, bis M. Péchu plötzlich wieder wie eine Viper auf den lautesten seiner Parteigänger losschoß und diesen mit dem Lineal bearbeitete, worauf das Ganze wieder von vorn anfing. Das konnte so stundenlang weitergehen, bis der Direktor kam oder M. Péchu ermattet wieder mit übergeschlagenen Beinen, hocherhobenem Lineal und rollenden Augen auf dem Katheder saß.

Mir tat die arme «Leiche» leid, vielleicht weil ich sie mir schmerzverzerrt und blutbespritzt im Massengrab vorstellte. Ich verhielt mich bei den Spektakelszenen daher meistens ziemlich still, und so faßte er zu mir eine Art Vertrauen. Schließlich begann er mit mir einmal auf dem Hof ein Gespräch, nachdem er einen Kampf zwischen mir und meinem schwarzen Quälgeist geschlichtet hatte. Dann mußte ich ein paarmal allein unter seiner Aufsicht nachsitzen, um wegen irgendwelcher Verfehlungen fünfhundertmal einen Vers von Boileau oder Lafontaine abzuschreiben. Es fing mit trivialen Bemerkungen an, und dann erzählte er mir, gewissermaßen zur Abschreckung, aus seinem traurigen Leben. Und so wurde ich unschuldig zum Werkzeug seines Unterganges. Die kommunistische Periode überging er, stritt sie aber auch nicht ab. Er sagte nur, ich sei zu temperamentvoll, ich würde dadurch mich und andere nicht glücklich machen. Auch er habe sich aus feurigem Idealismus in die Politik gestürzt und damit nicht viel Gutes gestiftet. Er sei dann einer wunderbaren Frau begegnet, die ihn aufgenommen und geheiratet habe. Doch sei sie schwer herzleidend und deshalb leicht erregbar und sehr eifersüchtig. Er zeigte mir eine Photographie, die er aus seiner Brusttasche zog: ein aufgedunsenes weißes Gesicht mit dunklen, stechenden Augen und einem bösen Kinn. Sie sei eine Freundin und Mitkämpferin der berühmten französischen Kommunistin Louise Michel gewesen. «Eine Amazone!» Wenn er manchmal etwas heftig werde, sollten wir Rücksicht nehmen auf die Umstände seines Lebens; er müsse nachts seine Frau pflegen und habe wenig Schlaf; am Tage sei er deshalb oft nicht Herr seiner Nerven. «Solches Kopfweh, solches Kopfweh!» Er stützte den Kopf in die Hand und fing an zu weinen.

Ich verstand nur die Hälfte, aber fühlte grenzenloses Mitleid und beschloß, ihm beizustehen. Am nächsten Tage nahm ich einige der ärgsten Schreier beiseite und erzählte ihnen, was ich erfahren hatte; ich hoffte, sie zu einem Waffenstillstand zu überreden. Zu meiner bitteren Enttäuschung war die Wirkung entgegengesetzt. Jetzt hatten sie ihre Rache! Ohne mich einzuweihen, brüteten sie die Teufelei aus, die Frau mit in ihre Operationen gegen Péchu einzubeziehen. Einer von den Verschworenen ließ unter der Vorspiegelung eines Scherzes von seiner älteren Schwester anonym ein paar Liebesbriefe an Péchu schreiben, die unter Bezug auf frühere Beziehungen zu einem Stelldichein luden. Beim dritten bekam Mme. Péchu, die die Briefe ihres Mannes öffnete, einen Herzschlag; und Péchu hängte sich bei ihrer Leiche auf. Nur langsam sickerte die Geschichte bis zu mir durch. Ich lag dann mehrere Tage mit einer Art von Nervenfieber, bis ich mich meiner Mutter anvertraute, die mich, so gut es ging, zu trösten versuchte, mir aber später, als ich wieder gesund war, ernste Vorhaltungen wegen meines impulsiven Vorgehens machte.

Aus der stickigen, durch die Affäre Péchu halb kriminell gewordenen Atmosphäre des Pariser Instituts entfloh ich jetzt in eine gesündere Luft; und die Freude hierüber dämpfte den Schmerz über den Abschied von meiner Mutter. Ich ahnte noch nicht, daß der Tag durch diesen Schnitt einen Wendepunkt in meinem Leben bedeuten werde. Ich warf mich im leeren Coupé noch einmal leidenschaftlich an ihren Hals. Und sie begann zu weinen. Dann waren wir in Ascot und traten beide mit sehr viel Haltung vor Mr. Kynnersley; meine Mutter erschien mir dabei stolzer und größer denn je.

Als sie fort war, rettete ich mein Gesicht im Kreise meiner neuen Kameraden durch geheuchelten Gleichmut und schlechte Witze und schrieb noch am selben Abend einen Zettel, den ich vor mir habe, ich hätte mir heute unter meinen Schulkameraden «schon viele Freunde gemacht». Allerdings weinte ich in meiner Koje dann um so ausgiebiger.

Am nächsten Morgen forderte mich ein Junge, weil ich ein Ausländer sei, was in England damals noch etwas wie in Griechenland ein «Barbar» bedeutete, zu einem Boxkampf. Ein anderer, älterer Junge unterrichtete mich vorher eilig in den Regeln eines «fairen» Kampfes, bei dem Kratzen und Beißen und Schläge unterhalb des Gürtels ausgeschlossen seien. Er vermutete ganz richtig, daß ich das auf dem «Kontinent» nicht gelernt hätte, da es dort ja keine Gentlemen gäbe. Wir gingen hinter das Haus, mein Gegner und ich mußten uns bis auf Hemd und Hose ausziehen, bekamen Handschuhe an, und nach drei Runden war ich *knock out.* Nachdem ich wieder aufgerichtet war, kam der Junge, der mich gefordert hatte, auf mich zu, bot mir die Hand und seine Freundschaft an. Ich hätte keine Ahnung vom Boxen, mich aber ganz tapfer gehalten und keine unfairen Kniffe, wie sie Ausländer liebten, anzuwenden versucht; wenn ich einmal einen Sekundanten brauche, stehe er als Freund mir zur Verfügung. Der Unparteiische, der mich vorsorglich unterrichtet hatte, war der später vielgefürchtete, ausgezeichnete Kunstkritiker Roger Fry, der als erster in England für Cézanne und Maillol eine Lanze brach, ein Bruder der Joan Fry, die nach dem Kriege in Berlin die Quäkerspeisungen leitete.

Im Gegensatz zum Pariser Kasten und seiner Elendsmiene präsentierte sich die Schule hier wie ein großes freundliches Landhaus. Richtiger: sie bestand aus einem Komplex von Gebäuden in viktorianischem Cottagestil, aus dessen Mitte das eigentliche Schulhaus nur um ein weniges herausragte. Die Ansiedlung lag auf einer Höhe inmitten eines Parkes, an den unten im Tal Wiesen grenzten, die als Spielplätze benutzt wurden. Von der Veranda des Haupthauses sah man weit in eine wellige Landschaft, deren Hügel abwechselnd mit Heide und kleinen Waldstücken bestanden waren. Ein Teil des Parks, ein von der modernen Entwicklung verschonter Rest der uralten Jagdgründe von Windsor, eine etwas felsige und abschüssige Schlucht, hieß die «Wildnis». Sie diente dazu, seltene Pflanzen der einheimischen Flora und kleine Haustiere, wie Kaninchen, Eidechsen und Schildkröten, zu pflegen. Ein anderer Teil des Parks war in Gärtchen eingeteilt, die einzelnen Jungen als Preis für besondere Leistungen überlassen wurden und in denen sie je nach Geschmack und gärtnerischem Können Blumen setzen und ziehen konnten, Rosenstöcke, Tulpen, Iris, Veilchen, Goldlack, Jasmin, aber auch Kresse, Senfkraut und Radieschen. Die «Wildnis» umschloß einen von einem kleinen Wasserfall gespeisten Teich, in dem wir im Sommer, abgesondert von der Welt, ganz ungeniert, nackt baden, spielen, plantschen und schwimmen konnten. Der Teich unterstand ebenso wie die «Wildnis» und die Gärtchen unserer Selbstverwaltung, und äußerst selten nur wurde von oben eingegriffen. Dieses kleine Paradies für Knaben war in allen Einzelheiten Mr. Kynnersleys Schöpfung. Überhaupt fiel ihm allerhand ein, was uns in einen jugendhaften Naturzustand versetzte, unsere Phantasie stachelte, in Abenteuer einspann. Die «Wildnis» war für uns eine wirkliche Wildnis jenseits der modernen Welt, ein Stück Mittelalter oder Wildamerika, Mr. Kynnersley, wenn er Felsen für den Wasserfall heranwälzte oder Urwald rodete und in dessen Schatten seltene Farren und Gräser entdeckte, eine Mischung von Pionier, Schuljunge und Waldgott, ein verzauberter Pastor, eine Ausgeburt des Waldes, dieses Waldes, in dem Falstaff als wilder Jäger zur Geisterstunde Mistreß Quickley erwartete. Und wenn wir von Windsor im Mondschein durch den Forst heimwanderten und das Rotwild zu uns herüberäugte und die verkrüppelten Eichen wie Hexen uns mit ihren Zweigen winkten, dann schien uns unsere Schule Teil einer Raum und Zeit entrückten Fabelwelt.

In Wirklichkeit war die Erziehung nüchtern durchdacht und streng. Die Schule hieß nach dem Schutzheiligen Englands und ersten christlichen Ritter «Saint George's School» und stellte an die Spitze der Tugenden, die von uns verlangt wurden, Ritterlichkeit, Haltung und Wahrhaftigkeit. Wer log oder sonst die obersten Gebote verletzte, deren Befolgung den Gentleman ausmacht, wurde vom Lehrerkollegium oder in besonderen Fällen von einer Anzahl älterer Jungen abgeurteilt, nach altenglischer Schulsitte mit entblößter Mittelpositur über einen Holzblock gelegt und von Mr. Kynnersley persönlich mit Ruten bis aufs Blut gepeitscht.

Morgens mußten wir uns von Kopf bis Fuß, sommers wie winters, kalt abplantschen. Nachmittags zum Sport völlig umziehen; meistens trugen wir dann nur Flanellhose und Sporthemd, im Winter einen schwarzen Pullover mit einem roten Georgskreuz. Wir lernten Boxen und Fechten und selbstverständlich die üblichen Spiele, das nationale Ballspiel Cricket, daneben Handball und sowohl Eton- wie auch Rugby-Fußball, aber wenig Turnen und nicht Tennis, das noch als weichlich galt. Auch Schwimmen im Teich in der «Wildnis» war obligatorisch. Die Lehrer mit Einschluß des «Chefs», Mr. Kynnersleys, machten überall mit. Dadurch bildete sich eine Kameradschaft wie zwischen älteren und jüngeren Mitgliedern eines Offizierkorps und ein Ehrenkodex, der kaum je verletzt wurde. Bei den Schnitzeljagden im Herbst, die im Laufschritt oft fünfzehn Kilometer querfeldein führten, war Mr. Kynnersley selbst meistens einer der Hasen und gab beim Überwinden von schwierigen Geländeabschnitten, wie Dornendickicht oder Wasserläufen, die durchwatet oder durchschwommen wurden, das gute Beispiel. Lang und langbeinig, mit rotblonden Koteletten, wie sie damals englische Geistliche trugen, mindestens dreißig, benahm er sich dabei, ohne daß seine Würde litt, verschlagen und tollkühn wie ein Junge. Wenn er als Hase uns jagende Jungen durch einen Haken tüchtig in die Irre geführt hatte und entkommen war, dann sahen wir beim Halali die Augen hinter seiner goldgereiften Brille blitzen.

Man könnte meinen, daß bei diesem Training die eigentlichen Aufgaben der Schule vernachlässigt wurden. Ich kann nicht finden, daß das der Fall war. Während ich in Paris ein mittelmäßiger

Schüler gewesen war, konnte ich in Ascot in kurzer Zeit fließend Griechisch und Latein lesen, so daß ich später im Hamburger Johanneum meine Mitschüler wenigstens in dieser Hinsicht übertraf. Wir übersetzten mit dreizehn Jahren «vom Blatt» Cäsar und Livius, Sophokles und Aristophanes, mit Ausnahme allerdings der Chöre. Ja, die «Wolken» des Aristophanes führten wir in einer Vorstellung, bei der ich den Pheidippides spielte, in der Ursprache auf. Englische Geschichte und Literatur wurden gründlich und interessant betrieben, es legte sich kein Muff darauf. Shakespeare, Byron, Walter Scott, Dickens gingen in unsere Phantasie ein. Die «Lustigen Weiber», «Wie es euch gefällt», den «Kaufmann von Venedig» lasen wir mit verteilten Rollen; wobei wir gewisse Szenen, die besonders lustig waren, auch mimten. Über Dickens' «Pickwick», «David Copperfield», «Oliver Twist», «Barnaby Rudge», die uns Mr. Kynnersley vorlas, haben wir gruppenweise gelacht oder gebangt. Wir wurden nicht gezwungen, «zu büffeln»; aber wer lernen wollte, fand dazu reichlich Gelegenheit und weniger deprimierende Wege als die, die mir später auf meinem deutschen Gymnasium gewiesen wurden. Das Vorlesen oder Lesen mit verteilten Rollen geschah vielfach an schulfreien Tagen, am späten Nachmittag, wenn wir, die Auserwählten, Eingeladenen, nach dem Spiel, geduscht und in der dem Frack für Jungen entsprechenden Affenjacke, im Salon erschienen, wo wir auf Kissen auf der Erde Mr. Kynnersley zu Füßen saßen und Mrs. Kynnersley Tee und Kuchen reichte. Sie selber, eine kinderlose, etwas trockene, aber temperamentvolle Frau, lang und rotblond, mit einem Pferdegebiß wie ihr Mann, nahm sich mehr der kleinen, acht- bis zehnjährigen Jungen an. Auf die älteren Knaben, die Mr. Kynnersley bevorzugte, war sie unverhohlen eifersüchtig: was zu Szenen führte, die tragisch oder tragikomisch und für uns in ihrer gedämpften englischen Art voller Spannung waren. – Mir wuchs Macaulay ans Herz. Meine Großmutter Lynch hatte mir die große Ausgabe seiner Werke geschenkt, acht Großoktavbände in schönen Ledereinbänden, die angenehm nach Juchten dufteten. Ich las und las immer wieder sein Leben, seine Englische Geschichte, die Essays und Parlamentsreden. Seine großen Reden über den Zehnstundentag und verwandte Fragen pflanzten in mir die ersten Keime sozialen Verständnisses.

Praktisch hatte das zunächst allerdings keine Folgen. Praktisch hatte überhaupt nichts von den Grundsätzen, die uns eingeprägt wurden, Folgen, wenn diese den Interessen der in England damals noch herrschenden Klasse, des Adels und des reichen Bürgertums, widersprochen hätten. Mr. Kynnersley führte die Schule als Vorschule der nationalen Erziehungsanstalten Eton, Harrow, Westminster, in denen die Söhne der herrschenden Kaste zu Parlamentsmitgliedern, Ministern, Botschaftern, hohen Verwaltungsbeamten, geistlichen Würdenträgern und großen Wirtschaftsführern, kurz zu Herren des britischen Weltreichs erzogen wurden. Von den vierzig zwischen acht und vierzehn Jahre alten Jungen waren zehn bis fünfzehn aus dem alteingesessenen Landadel, ein weiteres Drittel aus der reichen Bourgeoisie, der Rest aus bekannten Familien der englischen und schottischen Aristokratie: Percy, Hamilton-Gordon, Craven, Blackwood, Spencer-Churchill, Campbell. Niall Campbell, ein sehr bescheidener und einfacher kleiner Junge, wurde nach dem Tode seines Onkels, der mit einer Tochter der Königin vermählt war, Herzog von Argyll, ungekrönter König des Hochlandes und Träger des durch Walter Scott zu dichterischem Ruhm gelangten Titels «Herr der Inseln im westlichen Meer», das heißt Lehnsherr der Inseln vor der schottischen Westküste im Atlantik. Winston Churchill, ein Enkel des Herzogs von Marlborough, damals ein rothaariger ruheloser Knirps, der allen durch seine Schauspielerei und Streitsucht auf die Nerven fiel, sollte die Laufbahn seines berühmten Vaters, des Lord Randolph Churchill, als Staatsmann und Führer der Nation fortsetzen. Vorläufig war er bei den Stalljungen seines Großvaters in die Lehre gegangen und hatte dort Worte und Manieren gelernt, die für einen jungen Gentleman höchst unpassend waren und Mr. Kynnersley in Empörung und Schrecken versetzten wegen der nicht auszudenkenden Möglichkeit, daß die ganze Schule diese würzige Ausdrucksweise und leicht beschwingte Stallburschenhaltung annehmen könnte. Wütend und schamrot fuhr er unter Androhung der Rute dazwischen, wenn Winston, klein wie ein Schratt, er war eben erst acht geworden, auf einem Klassentisch herumhüpfend, einer aufmerksamen Jungenschar ein Liedchen aus dem Stall vortrug. – Bei einer solchen Zusammensetzung der Schulgemeinde war es vielleicht nicht zu vermeiden, daß die Lehren des Christentums und der Klassiker, insoweit ihre Auswirkung der oberen Gesellschaftsschicht gefährlich werden konnte, stillschweigend außer Kraft gesetzt wurden. Das geschah salbungsvoll, unter voller Wahrung der Würde christlicher Gesinnung und in den meisten Fällen aus langer Übung unbewußt. An ihre Stelle schob sich eine Klassenmoral, vor der die christliche zu einem «cant», einem «Cantus», einer unverbindlichen Begleitlitanei verblaßte. So ergab sich zwangsläufig unter dem Druck der christlichen Tradition und einer ihr wenig günstigen sozialen und politischen Struktur eine Erziehung zu einer doppelten Moral, auf die wir uns, gutgläubig und jungenhaft, ohne es zu merken, einstellten. In der Schule lernten wir «Liebet euren Nächsten wie euch selbst», aber wenn wir, was häufiger vorkam, eine Fußball- oder Cricketpartie gegen Volksschüler oder Dorfjungen spielten, war uns unter Strafe verboten, mit ihnen ein Gespräch anzuknüpfen; denn sie waren «cads», wobei «cad» nicht bloß «Straßenjunge», sondern den Inbegriff alles dessen, was das Gegenteil eines Gentleman ist, bedeutete.

Verwurzelt war die zweite, gültige Moral im Klassenbewußtsein, das jeder Junge von zu Hause mitbrachte. Dieser Dünkel wurde bei jeder Gelegenheit überdies noch künstlich geschärft wie der Jagdinstinkt bei jungen Hunden. Das erzeugte allerdings Haltung und Selbstbeherrschung, aber auch, außer einer blinden Verachtung anderer Völker und Klassen, kritikloses Annehmen alles dessen, was im eigenen Hause als zum guten Ton gehörig oder wahr galt. Während meinen kleinen Kameraden in Paris nichts heilig war, bezweifelte in Ascot niemand, weder Lehrer noch Schüler, daß der Zylinder und die schwarze Affenjacke, die wir sonntags zum Kirchgang trugen, ebenso wie die Bibel, die Königin Viktoria, das Cricketspiel und das britische Weltreich, zu der von einem gütigen Gott ausgedachten und von uns ehrfürchtig anzunehmenden Weltordnung gehörten.

Zu den Einrichtungen, deren geheiligter Charakter nicht zu bezweifeln war, gehörte selbstverständlich auch die englische Staatskirche. Diese Kirche, die in ihren äußeren Formen und Zeremonien noch fast römisch, in ihrem Geist puritanisch ist, ein

Zwitter, aber ein von Politikern mit überlegener Klugheit konstruierter Zwitter, trägt in eigenartiger Weise sowohl den weiblichen wie den männlichen Elementen der Seele Rechenschaft, den ersteren durch einen mit dem römischen rivalisierenden Pomp, den letzteren durch ihre «muscular Christianity», ebenjene doppelte Moral, die dem englischen Gentleman gestattet, sich gleichzeitig als Christ zu fühlen und als Herr auszuleben. Da ich eine ganz hübsche Stimme hatte, wurde ich Chorknabe. Bei den Andachten in unserer Kapelle wurden wir, die Chorknaben, weiß eingekleidet und zogen dann, da wir auch im übrigen sauber und gut gewaschen waren, wunderbar rein und feierlich vor unseren Lehrern, die alle einen akademischen oder kirchlichen Grad hatten und je nach dessen Abstufungen verschiedenfarbige Talare trugen, in den Chor ein. Man hätte uns, da die meisten Jungen noch dazu rosige, regelmäßige Kindergesichter hatten, für lauter kleine Engel halten können. Kleine Pharisäer? Vielleicht. Aber reinen Herzens; denn fast alle durften sich nach den Grundsätzen unserer Moral für tadellos sauber halten, bestes Führermaterial für das britische Weltreich. Allerdings kamen auch von Zeit zu Zeit kleine Skandale vor. Fälle allzu intimer Beziehungen zwischen Jungen, bei denen Mr. Kynnersley einige seiner ausgesuchten Lieblingsschüler ins Vertrauen zog und um ihre Meinung befragte, ehe er die Schuldigen peitschte oder von der Schule fortjagte.

Ich weiß nicht, ob es auf einem vor mir geheimgehaltenen Abkommen meiner Eltern mit der Schule beruhte; aber trotzdem ich allerhand ausfraß, bin ich nie gepeitscht worden. Ich hätte mich wahrscheinlich umgebracht. Auch so beging ich einen lächerlich verlaufenen Selbstmordversuch. Ich sehnte mich, wie ich mich nie wieder nach irgend jemandem gesehnt habe, nach meiner Mutter. Sie schien mir in ihren Briefen kühler, als ich erwartet hatte. Mein, wenigstens moralischer, Anfangserfolg im Boxen hatte nicht vorgehalten. Ich war Deutscher, Ausländer, und als solcher für kleine Engländer ein Ärgernis. Es entstand eine Vereinigung, die den Zweck hatte, mich zu ducken. Namentlich beim Rugby, das an sich schon eine der rauhesten Formen des Fußballs ist, suchten die Vereinsbrüder die kräftigsten Tritte immer mir zuzuschanzen. Als eines Tages ein Junge, den ich für meinen Freund hielt, den Spaß mitmachte, ging ich nach dem Spiel an die Hausapotheke, nahm ein Fläschchen Chloroform und vergiftete mich. Mein Stubenkamerad Palk fand mich bewußtlos. Palk, ein nettes Bürschchen, das etwas jünger als ich war, hatte wenige Tage nach meinem Eintritt in die Schule wegen irgendeines Dummenjungenstreiches eine grausame Züchtigung erlitten. Als er mir, ohne viel Worte, seine Striemen zeigte, empfand ich ein stürmisches Mitleid mit ihm. Wir wurden ganz plötzlich Kameraden. Palk rief, als er mich blau angelaufen daliegen sah, die Krankenschwester, und alles endete mit einem Kater. Mr. Kynnersley hat nichts erfahren.

Allmählich fanden sich zu Palk und Fry andere Kameraden hinzu: ein junger Olliver, ein schlanker, dunkelblonder Junge, der die verkörperte Ehrenhaftigkeit und Ruhe war und später Schulprimus wurde; Basil Blackwood, der jüngere Sohn des Vizekönigs von Indien, des Marquis von Dufferin, der glänzend begabt eine Hoffnung der englischen Diplomatie wurde, aber jung starb; Claud Schuster, kleiner als ich, aber kräftig und sehr intelligent, in Sport und Lernen gleich ausgezeichnet (jetzt als Sir Claud Schuster ständiger Staatssekretär des englischen Kanzlers); E. A. J. Jay, ein zarter, feiner, blonder Junge, der, wenn mich meine Erinnerungsbilder nicht täuschen, von mir unzertrennlich gewesen sein muß. Wir bildeten eine Clique, der starren Masse gegenüber eine Opposition, die sich langsam durchsetzte und ihren Meistercoup landete, als wir aus unserem Taschengeld das Kapital zusammensparten, eine Zeitung zu gründen. Mit einem Schlag war unsere Gruppe der Mittelpunkt des Schullebens, die gegnerische Masse k. o. Wir tauften unser Blatt «St. George's Gazette», brachten es von der Gründung an jeden Sonnabend pünktlich heraus, vier Großquartseiten, zuerst mühsam hektographiert, bald aber, nachdem wir genügend Abonnenten und Inserenten unter den Schülern und ihren Eltern und Verwandten gesammelt hatten, sauber in Windsor auf gutem holzfreiem Papier gedruckt. Ich hatte schon in Paris eine kleine Presse besessen und darauf gesetzt und gedruckt; so konnte ich fachmännisch Satzspiegel, Ränder und Format bestimmen: der Entwurf, ganz von meiner Hand, liegt vor mir. Schuster, Jay und ich teilten uns in die Redaktion, andere Kameraden, auch Lehrer wurden von Fall zu Fall als Korrespondent oder Reporter herangezogen. Inserate kosteten einen Penny, acht Pfennige, für ein Dutzend Worte, das Blatt selbst den damals üblichen Zeitungspreis von zwei Pence, das Quartalsabonnement zwei Schillinge und acht Pence. Der Wahrspruch auf dem Entwurf ist merkwürdigerweise deutsch: «Mit Gott allein.» Woher wir ihn hatten, weiß ich nicht, aber wahrscheinlich habe ich diesen deutschen Spruch aus Trotz daraufgesetzt. Der Text bestand größtenteils aus Sportnachrichten, Berichten über Fußball- oder Cricketpartien, die die Schule gespielt hatte, aber auch über Unfälle und Krankheiten einzelner Schüler, Geburten und Todesfälle im Kaninchenstall oder Schildkrötenteich, über Schnitzeljagden und Schultouren. Von einem dieser Ausflüge brachte ich für die Zeitung die Schilderung der großen Elektrizitätsausstellung im Kristallpalast mit, wo Tausende der eben erst von Edison erfundenen Glühbirnen einen überraschenden und feenhaften Eindruck auf uns gemacht hatten.

Politik war in unserer «Gazette» ausgeschlossen. Und doch interessierten wir uns für sie kaum weniger als für Sport. England trat gerade in eine revolutionäre Epoche ein. Der Kampf ging um «Home Rule», das heißt nominell um die Einrichtung eines irischen Parlaments, tatsächlich um die Auflösung des englischen Einheitsstaates. In Irland wie in Rußland bediente sich die revolutionäre Bewegung des Mordes, der Brandstiftung und, was neu war, des Boykotts, der von den Home Rulern erfunden, bald ihre schärfste Waffe wurde. Sogar in unserer Clique bildeten sich zwei Parteien, die eine für, die andere gegen Home Rule. Wir hatten zwar keinen offiziellen Debattierklub, wie die großen Schulen und Universitäten; doch diskutierten wir eifrig. Einzelne Jungen, wie Schuster, Fry, Blackwood, erwiesen sich bei diesen Debatten, so schien es uns, als glänzende Redner. Schließlich gingen nach parlamentarischer Sitte zwei «Adressen» ab, die eine an den greisen liberalen Führer Gladstone, der der irischen Freiheitsbewegung günstig war, die andere, mit viel zahlreicheren Unterschriften, an den konservativen Führer, den Marquis von

Salisbury. Zum erstenmal war ich gezwungen, zu einer aufrührerischen Bewegung Stellung zu nehmen. Mein Vetter Parnell war der Führer der Revolutionäre, meine übrige Verwandtschaft antirevolutionär und konservativ. Ich stellte mich mit knabenhafter Leidenschaft gegen Home Rule ein und unterschrieb das Manifest an Salisbury.

Ein Gegenstand, der nicht im Lehrplan stand, in den ich mich aber mit Leidenschaft vertiefte, war London. Alles in dieser grenzenlosen Nebelstadt, in die das Weltmeer durch die Themse heraufflutete, erschien meiner noch halb im Märchen befangenen dreizehnjährigen Phantasie voller Abenteuer und Geheimnisse. Das Parlament, der Tower mit seinen gespenstischen, blutigen Erinnerungen, die Themse mit ihren Masten, Docks, Lagerhäusern, die Bank von England und ihre Keller, in denen das Gold in Ziegeln zu mannshohen Mauern geschichtet stand – das alles in seiner pulsierenden, lebendigen Verflechtung war das Herz des britischen Weltreiches. Darum herum wogte unruhig und uferlos die Stadt: das London der achtziger Jahre, das unermeßlich reich und groß war, doch wie ein Dorf überall nach Rauch und Stall roch; ein London ohne Autos oder Lichtreklame, in dem das Pferd das Bild der Straße beherrschte und nachts, sobald die Gaslaternen brannten, der Nebel. Ich verliebte mich in den Nebel. Wenn wir von Ascot hinfuhren und schon in den Vororten sein feuchter Rauch und Salzgeruch mir in die Nase stieg, witterte ich über London hinaus die Nordsee. Auf den Kähnen, die die Flut die Themse herauftrug, war jeder von den hochgetürmten Ballen ein Rätsel, das die Phantasie mit Vorstellungen von unbestimmten Fernen füllte. An schönen Sommertagen, wenn nur ein leichter Dunst über dem Fluß schwebte, schien die Stadt ein Luftgebilde, so zart und durchsichtig und regenbogenartig schillernd. Im November aber, wenn der Nebel braun wurde und in seiner dicken Feuchtigkeit die Gebäude, Schiffe, Menschen nur noch undeutliche Massen waren, wurde sie furchtbar und wuchtig und drohend wie eine Gewitterwolke. Dann tauchten aus den dicken Nebelschwaden Gestalten auf aus einer Unterwelt, die noch die von Dickens war; Zeitungsjungen in Gehröcken, die einst einem Lord gehört hatten und jetzt nur noch Lumpen waren, Frauen in einem alten Ballkleid und Federhut, die betrunken im Rinnstein lagen, Zuhälter, die neben uns herliefen und dunkle, unheimliche Worte flüsterten. Einmal geriet ich mit zwei Schulkameraden und einem Lehrer am Strand in einen Auflauf um eine junge Frau, die im Rinnstein lag. Die Menschen hielten sie für betrunken, aber es erwies sich, daß sie in den Wehen war. Ihr Federhut lag neben ihr in der Gosse. Ihr blasses, zartes Gesicht war ein Schrei. Wir kannten die Wehen unserer Tiere, aber noch hatten wir nie einen Menschen gebären sehen. Tief erschüttert bemühten wir uns um sie und halfen sie fortbringen. – In diesen Winternächten, in der schwachen Beleuchtung, herrschte eine Rembrandtstimmung. Ich glaube, daß Roger Fry mir zuerst die Augen für sie öffnete. Die nächste Nähe zwischen Elend und Überfluß, die sozusagen familiäre Nachbarschaft von reich und arm, gehörte mit zu London. Sichtbarer als anderswo wurde der Gegensatz hier, weil die Reichen ihren Luxus und die Armen ihre Lumpen ohne jede Scham zeigten. In den Ferien traf ich mich mit Kameraden oft im Hydepark, meistens zu Fuß, manchmal aber auch auf einem geliehenen Pony eines meiner Vettern. Von Reiten hatten wir, wie ich später in Potsdam merkte, nach deutschen Begriffen keine Ahnung; die Ponys und Pferdchen liefen, wie es sie die Natur lehrte. Aber es gab keine Hindernisse, über die wir nicht setzten, und die Hauptsache, wir fielen nicht herunter. Es war eine wilde Reitkunst! Die Schwestern meiner Kameraden ritten mit, Mädchen mit fliegenden blonden Haaren. Ältere Herren im Zylinder und mit Backenbart, Mode 1880, winkten uns, wenn wir, ein Rudel Jugend, in Karriere vorbeirasten, freundlich zu. Gesellschaftsköniginnen, die lässig schöne Vollblüter im Handgalopp an langen Zügeln ritten und dabei mit eleganten neben ihnen trabenden Herren plauderten, ließen wir in überschäumendem Übermut weit zurück. Diese reiche Gesellschaftsschicht, die sich auslebte, schwamm auf der unteren, die fror und hungerte, wie Öl auf Wasser. Es war etwas Geschlossenes in beiden, das ohne Zweifel Disraeli seine Anschauung von den «zwei Völkern» und Karl Marx die des Klassenkampfes eingegeben hat.

Wenn es trotzdem zu keiner gewaltsamen Auseinandersetzung, nicht zur Revolution gekommen ist, so war der Grund wohl die erstaunliche Übereinstimmung in gewissen Grundanschauungen zwischen beiden Schichten; eine Folge der Suggestionskraft, mit der die Oberschicht ihre Denkungsart der unteren eingepflanzt hatte. Beide bewunderten das gleiche, insbesondere die Grundsätze, Konventionen, Umgangsformen, die den Typ des Gentleman ausmachen. So den sportlichen Geist, das Halten auf «fair play», die strikte Beachtung der Spielregeln bei Kämpfen jeder Art, selbst bei einem Raufhandel zwischen Straßenjungen oder Bierkutschern. Der Gentleman mußte vor allen Dingen *Haltung* haben; seine Erziehung gipfelte darin, ihn zu lehren, in keiner Lage oder Gefahr, vor keiner Drohung die Haltung, die Spannkraft des Willens und die Herrschaft über sich selbst zu verlieren. Er mußte in jeder Situation die Nerven behalten, «plucky» sein, nicht kneifen, vorangehen, führen. Gegen Schwächere, insbesondere gegen Mitglieder der unteren Stände, sollte er, bei aller Zurückhaltung, immer höflich und rücksichtsvoll sein; Anschnauzen von Untergebenen minderte sein Ansehen, weil es für Mangel an Haltung galt. Überhaupt wurden beim Gentleman sichtbare Gemütsbewegungen nicht gern gesehen; er sollte seine Gefühle, soweit er solche hatte, nach Möglichkeit für sich behalten und sogar nächsten Freunden und Verwandten, Vater oder Mutter nur verschleiert zeigen. Sein Gefühlsleben unterlag so einem fortgesetzten Druck, einem Netz von Hemmungen, durch die es gedrosselt, erstickt oder in unergründliche Tiefen getrieben wurde. Auch die Kleidung eines viktorianischen Gentleman war ihm streng, fast wie einem Ordensbruder, vorgeschrieben; um so kostbarer wirkten kleine willkürliche kokette Abweichungen, Variationen, die der Mann der großen Welt, der «Dandy», sich erlauben durfte. Und nicht weniger genau war die Sprache eines Gentleman geregelt; ja sie wirkte fast wie eine Ausstrahlung seines Fracks, mehr als Abzeichen seiner Klasse denn als Instrument seines Geistes. Das alles zusammen, diese Haltung und Zurückhaltung, dieses *fair play*, diese Grundsätze und Moden, bildeten die wirkliche Volksreligion, von der niemand dissidieren wollte, der alle einen unerschütterlichen Glauben schenkten. Stillschweigend hatte sich in ihr der Gentleman auf den Platz von Christus gesetzt. Die Gemeinschaft des Glaubens neutralisierte die

Klassenspaltung, indem sie die Unterschicht in einer freiwilligen Abhängigkeit von der oberen hielt, die allein die echte Gesinnung des Gentleman besaß und wie einen Gral als Lebensodem des britischen Weltreichs hütete. Das geflügelte Wort Wellingtons, das uns eingeprägt wurde: Die Schlacht von Waterloo sei auf den Spielwiesen von Eton gewonnen worden, besagte nichts, als daß der Gentleman Napoleon besiegt und den beispiellosen Aufstieg Englands im neunzehnten Jahrhundert ermöglicht habe.

Im übrigen wurde in einem Punkt vom Gentleman eine Haltung verlangt, die grundsätzlich antirevolutionär war: er hatte einen unerschütterlichen Respekt vor der Königin zu haben. Auch hierin waren sich unten und oben einig. Wie London das Herz und die von der Oberschicht gepflegte Gesinnung der Lebensatem des britischen Weltreiches waren, so galt die Krone, verkörpert in der Königin, als sein sichtbares Symbol, das nie angetastet werden durfte. Für beide Klassen war die Königin außerdem der höchste Repräsentant der Oberschicht, der Prinz von Wales als Erbe der Krone «der erste Gentleman im Lande». So wurde das Verhältnis auch des kleinen Mannes zu ihr und ihrer Familie durch eine Mischung aus Aberglauben, Klugheit und Snobismus bestimmt.

Ich habe die Königin in meiner Zeit in Ascot einmal aus der Nähe gesehen; das war im Juli 1881 bei einer Truppenschau im Park von Windsor. Da ich den alten Kaiser, der sowohl in seiner Erscheinung wie in jeder Bewegung ein Grandseigneur und König war, oft erlebt hatte, konnte mir die Queen nicht besonders imponieren. In ihrem einfachen schwarzen Kleid, mit ihrem roten Gesicht, dem rundlichen Körper und den fetten Händchen, die einen etwas schäbigen Sonnenschirm hielten, sah sie aus wie eine meiner verwitweten Tanten. Und doch strahlte sie eine Art von Majestät aus, das lag an ihrem Blick, der etwas Böses hatte, vor dem man zittern konnte. Sie schien durch ihren Blick ihre Kleinheit kompensieren zu wollen. Ich mußte dabei an das Mißgeschick einer jungen Freundin meiner Kusinen denken, die bei ihrer ersten Vorstellung bei Hofe am Thron über ihre lange Schleppe gestolpert und hingefallen war, worauf die Königin sie, ohne von ihr sonst Notiz zu nehmen, mit dem Wort entließ:

«Take away that ass.» (Man soll die dumme Gans fortschaffen.) Bei der Truppenschau erschien sie in Begleitung ihrer ganzen Familie als Großmutter Europas. Ihr gegenüber in dem offenen altmodischen Landauer saßen auf dem Rücksitz ihre Schwiegertochter, die schöne Prinzessin von Wales, eine Dänin, und ihre Tochter, die deutsche Kronprinzessin, hinter ihr als Lakai auf einem Hokker, so wie etwa Malvolio hinter einer sehr gealterten Olivia hätte sitzen können, ihr vertrauter Diener John Brown in einer schwarzen Livree, die mit Silber verbrämt war. Neben dem Wagen ritten ihre Schwiegersöhne, der deutsche Kronprinz, der spätere Kaiser Friedrich, in der weißen Garde-du-Corps-Uniform, ein Siegfried, der alle Augen auf sich zog, ihr anderer Schwiegersohn, der Großherzog von Hessen, und ihr Sohn, der Prinz von Wales; dieser in einer dunklen Uniform mit dem blauen Band des Hosenbandordens, schon etwas dick und keine gute Figur zu Pferde. In einem zweiten Wagen folgten Töchter und Schwiegertöchter, die nachher selbst oder durch ihre Nachkommenschaft die meisten Throne und Thrönchen Europas okkupiert haben. Und in einem dritten Wagen auf dem Rücksitz zwei junge Prinzessinnen, noch fast Kinder, mit langen Zöpfen, in Hellblau, beglückend schön, zwei Enkelinnen der Königin, Töchter des Großherzogs von Hessen, die spätere russische Großfürstin Sergius und ihre jüngere Schwester, die die letzte Zarin wurde, beide einem grausamen Tode geweiht. Dieses tragische Grüppchen, das in Wagen und zu Pferde stundenlang langsam an einer endlosen Truppenfront vorbeizog, war das übernationale Herrscherhaus Europas, dem es beschieden schien, ewig Mittelpunkt des europäischen Geschehens zu bleiben. Denn das Gefühl, daß die Welt, so wie sie war, bis in eine sehr ferne, unabsehbare Zukunft unverändert fortbestehen werde, war in jener Zeit, und besonders in England, allgemein. Uns, unseren Lehrern, mir, meiner Verwandschaft, wäre es fast sündhaft erschienen, bei der Vorstellung zu verweilen, daß die Königin Viktoria sterben könnte.

Ich kann ziemlich genau angeben, wann und wie dieser Glaube an die Ewigkeit des britischen Weltreiches in mir den ersten Stoß bekam. Die Bedingungen, von denen seine Existenz abhing, wurden uns nicht verhehlt; im Gegenteil: ein Preis, der jährlich in der Schule für den besten Aufsatz über die englische Verfassung verteilt wurde, nötigte geradezu, auf deren Voraussetzungen zu achten und hinter der im Vordergrunde stehenden parlamentarischen Fassade den Geheimnissen der inneren Struktur Englands nachzugehen. So erschienen uns allmählich hinter dem Parlament mehr oder weniger deutlich die drei bereits genannten Faktoren, die für das Britische Reich lebenswichtig waren: sein Handel und seine Handelsmetropole London, seine Gesinnung, die des «Gentleman», und schließlich die Krone, die das Ganze wie ein Eckstein zusammenhielt. Wenn einer dieser drei Faktoren erschüttert oder vernichtet und nicht sofort durch gleichwertiges Material ersetzt wurde, mußte der ganze Bau einstürzen. Ob viele von uns Jungen bis zu diesem Schluß vordrangen, ist vielleicht zweifelhaft. Auch ich wäre wohl kaum auf die Möglichkeit gekommen, daß die eine oder andere dieser Positionen ernsthaft bedroht werden könnte, wenn nicht das Verhalten und Schicksal eines kleinen Mitschülers, mit dem ich zeitweise befreundet war, das Prekäre der Gentlemansgesinnung mir enthüllt hätte.

Der Junge eignete sich nicht, wie sich bald herausstellte, zum Gentleman. Er ließ sich durch kein Mittel in diese Form pressen. Weder Güte noch die Peitsche halfen. Da ich nicht weiß, ob er noch lebt, will ich ihn «Pat» nennen. Er hatte grüne Katzenaugen, rotes Haar, eine unangenehme schrille Knabenstimme, war dreizehn bis vierzehn und durch und durch ein Rebell. Obgleich er sein Gesicht und die hübschen, fast mädchenhaften Hände immer tadellos sauber hielt, gab er sich im übrigen aggressiv unsauber und unordentlich. Er log mit Genuß, um zu provozieren. Wenn er dann gepeitscht wurde, log er noch schamloser. Obwohl er kräftig und bei Unternehmungen, die ihm gefielen, tollkühn war, ein langer, schlanker, flinker Junge, haßte er den Sport oder tat so, um die Lehrer zu ärgern. Gegen die Grundsätze und Konventionen, die den Gentleman ausmachen, spie er Gift und Galle. Das meiste, was man von ihm erlebte, waren Wutausbrüche; aber dazwischen blitzten dann und wann Dolchstöße. So: «daß er nur gelegentlich löge, die Lehrer aber immer», oder: «daß sie schlimmer als Mörder seien, weil sie die Seele totpeitschten», oder: «daß das einzige Echte an einem vollendeten Gentleman sein Bankkonto sei». Zu Kameraden, die ihm freundlich entgegenkamen, war er zartfühlend, ja weich; sein einziger Haß galt dem «Gentleman», in den er sich um keinen Preis verwandeln lassen wollte. Er kniff ein paarmal aus, wurde aber wieder eingebracht, gepeitscht und eingesperrt. Sein Körper, dessen Haut sehr weiß war, war immer bedeckt mit Striemen. Wir nannten ihn «Stars and Stripes», wie das amerikanische Sternenbanner, weil beim Baden sein Rücken und seine Mittelpositur immer die verschiedenartigsten Streifen und Flecken aufwiesen. Aber allmählich bildete sich um ihn wie um einen Aussätzigen eine Leere, die nicht einmal durch Neckereien oder Faustschläge überbrückt wurde. Er war, wie Shelley sich als Schüler mit einer ähnlichen Gesinnung in Eton schildert:

> «I feared not those who railed, nor did I hate
> Mine equals, but was lone, untameable;
> Like some wild beast that cannot find its mate:
> A solitary gazelle
> Which in the desert wilderness doth dwell
> Secure in its own swiftness.»[1]

Schließlich ließ er sich, wahrscheinlich nur, um etwas für einen Gentleman Unmögliches zu tun, mit einem Dienstmädchen ein, das ihn erpreßte. Lange Zeit wurden unter irgendwelchen erlogenen Vorwänden aus seinem Taschengeld wöchentlich zwei Schilling und sechs Pence an sie abgeführt. Dann aber platzte die Bombe, und er benutzte das, um einen neuen Haufen Lügen aufzutürmen. Ich sehe ihn am kritischen Tage mit seinem weißen, vor Sommersprossen bunten Gesicht neben mir am Mittagstisch. Nach dem Tischgebet, als wir uns gesetzt hatten, rief Mr. Kyn-

[1] «Ich fürchtete nicht die mich beschimpften, noch haßte ich
Meine Kameraden; doch war ich abseits, unbezähmbar
Wie ein Wild, das seine Gefährtin nicht finden kann,
Eine Gazelle,
Die fern von der Herde in der Wüste haust,
Gefeit durch ihre Flinkheit.»

nersley: «Halt! Herhören! Ich habe zu meinem Schmerz erfahren, daß nicht alle Jungen hier die Wahrheit sagen. Pat ... stehen Sie auf! Ich habe festgestellt, daß Sie eine Laufbahn der Lüge und Schande hinter sich haben. Ich habe an Ihren Vater geschrieben und ihn gebeten, herzukommen. Einen solchen Jungen kann ich unter uns nicht dulden. Selbstverständlich werden Sie gepeitscht; doch das wird nicht Ihre schlimmste Strafe sein. Thomson und Olliver (der Schulprimus und der Zweite), bringen Sie Pat auf mein Zimmer.» Nachdem er dort ein letztes Mal gepeitscht worden war, wurde er eingesperrt und am nächsten Tage, ohne daß er sich verabschieden durfte, fortgebracht. Ich habe ihn erst nach mehr als zehn Jahren wiedergesehen. Seinen Worten entnahm ich, daß er sich bald nach seinem Ausschluß aus der Schule von zu Hause fortgeschlichen und als Schiffsjunge verheuert hatte. Seitdem schien er überall in der Welt herumgekommen. Aber sein ganzer Haß galt nach wie vor dem «Gentleman», den er als die verlogenste, bösartigste, scheinheiligste, unmenschlichste Menschenart bezeichnete. «God damn those bloody impostors!» wiederholte er und spuckte aus.

Ich habe heftig gegen Pat gestritten in Ascot. Den Cant, die Scheinheiligkeit, Härte, Habsucht zugegeben, aber ihm Namen zugeworfen, eindrucksvolle Figuren, Essex, Drake, Cromwell, Clive, Warren Hastings, die beiden Pitt, alles große Gentlemen im Guten wie im Bösen; Macaulay mußte herhalten. Mich wenigstens überzeugte ich. Pat blieb bei seinem Wutschrei: «Sie werden mir die Seele aus dem Leibe peitschen.»

Einen Eideshelfer hat er jetzt in Winston Churchill erhalten, der, mit kaum geringerer Einseitigkeit als er, in seinen Jugenderinnerungen («My Early Life») den Stab über Ascot bricht; ja, Mr. Kynnersley sadistischer Gelüste verdächtigt wegen des Übermaßes an blutigen Züchtigungen, die er eigenhändig verabfolgte. Empörend waren die Peitschungen kleiner, oft zarter Knaben; aber sonderbarerweise haben die meisten Jungen sie nicht so empfunden, und Mr. Kynnersley wandte nur das Rezept an, nach dem seit Jahrhunderten halb barbarische Engländer zu Gentlemen gestutzt werden. Er war rückständig – aus einer Zeit, wo Engländer wirklich noch ungebrochene Barbaren waren –, aber pervers? Wer könnte selbst durch die subtilsten Methoden das ergründen? Auf das Resultat kommt es an: ob die Jungen bloß eingestampft oder innerhalb der erzwungenen Gleichförmigkeit auf Wege zur Entwicklung im Sinne ihrer eigenen Anlagen geleitet wurden? Die Antwort scheinen mir Männer so verschiedener Richtung wie Winston Churchill selbst, Roger Fry, Basil Blackwood, Claud Schuster zu geben; bei der sehr beschränkten Anzahl der Schüler, die nie vierzig überstieg, und der Kürze seiner Wirksamkeit (er starb mit achtunddreißig Jahren) ein Beweis für seine Tüchtigkeit als Erzieher und Erwecker. Er packte uns durch unsere Phantasie, auf der er wie ein Künstler auf einer Klaviatur spielte, auf der des Einzelnen, Ausgesuchten, den er bevorzugte, und nicht weniger auf der einer Gruppe, wie der der Ältesten, Dreizehn- und Vierzehnjährigen, der obersten Schulklasse, der «First Form», die er wie ein Rattenfänger hinter sich herzog. Sein Geheimnis war, daß er sich uns nicht als steifleinene Idealfigur, als Büste stellte, sondern als Mensch mit Fehlern und Vorzügen. Für mich muß ich bekennen, daß Mr. Kynnersley der einzige unter meinen Erziehern war, der durch seine Persönlichkeit mich wirklich geformt hat. Trotz seiner Prügelmethoden, die er übernommen hatte, war er in mancher Beziehung ein Vorläufer von Schulreformen wie Wyneken und Geheeb, ein Abenteurer auf dem Gebiet der Formung junger neuzeitlicher Menschen, geleitet und getrieben vom Drang nach Einfühlung in die Seele einzelner Jungen, der allerdings bei ihm wie bei vielen großen Erziehern seit Plato erotischen Ursprungs gewesen sein mag.

Pats Worte, die ich zu widerlegen glaubte, gingen ziemlich spurlos an mir vorüber; aber Eindruck auf mich machte sein Benehmen. Ich weiß nicht, wie ich das Mißtrauen gegen die Zukunft Englands, das er in mir wachrief, formuliert hätte. Wahrscheinlich ist es mir nur wie ein leichter Schatten auf dem glänzenden Bild bewußt geworden. Um deutlich zu sein, muß ich es so fassen, wie es mir rückschauend heute erscheint: als die Ansicht, daß eine Weltherrschaft, die abhängig war von der fortlaufenden und ausreichenden Erzeugung eines künstlichen und höchst komplizierten Menschentyps, auf unsicheren Fundamenten ruhte. Andere große Völker, wie die Spanier und Franzosen, hatten ihre Herrschaft auf das Militär gestellt; die Engländer, mit einem nicht geringeren Willen zu Macht und Reichtum, doch im wesentlichen auf moralische Eigenschaften, nämlich die guten und schlechten, die edlen und weniger edlen des «Gentleman». Der Gentleman war aber, wie ich sehen mußte, kein Naturgewächs, sondern das Ergebnis eines äußerst komplizierten und kunstvollen Fabrikationsprozesses. Auf den «Cortegiano» des alten Italieners Castiglione und die Römer des Plutarch als Typ zurückgehend, sehr tief in klassischer Bildung verwurzelt, durch die englischen Reformatoren und Humanisten etwas vergröbert und dem englischen Volkscharakter angepaßt, später mit einem puritanisch selbstgerechten, sturmfesten Gewissen ausgestattet, war die Marke zwar artbeständig geworden, mußte aber doch in jedem Einzelexemplar immer wieder neu aus dem Rohstoff herausgestanzt werden. Ich befand mich selber noch als Material in der Fabrik, erlebte die Herstellung von Gentlemen am laufenden Band an anderen und mir selbst. Das fertige Produkt war, wenn es glückte, Qualitätsware, das Beste vom Besten, wie die in englischen Gestüten gezüchteten und trainierten Vollblüter oder wie die Woll- und Baumwollstoffe von Lancashire. Aber Pats Revolte zeigte, daß die Fabrikation auch mißglücken konnte. Er war ein äußerster, aber kein vereinzelter Fall; das Material setzte der Bearbeitung verschieden starken, aber häufig doch beträchtlichen Widerstand entgegen. Wenn einmal eine Rohstoffschicht an die Reihe kam, von der ein großer Teil, weil zu hart oder zu weich, zu intellektuell oder zu stupide, nicht einschlug, dann konnte die Produktion hinter dem dringenden Bedarf des Weltreichs zurückbleiben. Was dann? Das Emporkommen des unteren Mittelstandes – nicht des Arbeiters, der politisch in England noch nichts bedeutete –, aber das Vordringen des Shopkeepers, des Budikers, des engen, gedrückten, horizontlosen Spießers, der uns ungeeignet als Material für Gentlemen erschien, empfand ich als Bedrohung von Englands Weltstellung.

Pat war, obwohl er selbst nicht aus diesen Kreisen stammte, ein Beispiel, an dem man sah, was aus ungeeignetem Material werden konnte. Seine Erscheinung erschütterte eine kurze Zeit meinen Glauben an den unabsehbaren Bestand der englischen Macht.

Doch bald erkannte ich, daß trotz der Gefahr, daß das Material versagen oder die Erzieher ihre Kunstfertigkeit verlieren könnten, das festeste Fundament für ein Reich, ja, das einzige, das Dauer verbürgt, nicht materielle Macht, sondern der Mensch ist, der Mensch, den es für seine Zwecke geformt und gehärtet hat und der es wiederum von sich aus formt und durch seinen Charakter härtet. Daß aber auch Elemente wie Pat, die sich nicht beugen oder anpassen lassen, zur Erneuerung und Gesundheit eines Volkes nötig sind. Denn England wäre ohne beide Arten, ohne Gentlemen *und* Rebellen, nie England und nie Weltreich geworden.

2

In ihrer Nummer vom 29. Juli 1882 meldete die «St. George's Gazette»: «Graf H. Kessler siedelt zum nächsten Semester auf das Gymnasium in Baden-Baden über, um sich für den deutschen diplomatischen Dienst vorzubereiten.» In Wirklichkeit kam ich zu Michaelis 1882 nach Hamburg aufs Johanneum.

Mein Vater brachte mich hin. Unterwegs machten wir in Bremen halt, wo uns Herr Lorenz, ein Freund meines Vaters und stadtberühmtes Original, den Roland und die schöne alte Stadt zeigte. Herr Lorenz glich niemandem unter meinen bisherigen Bekannten. Er roch nach Bürgerlichkeit und altem Burgunder. Seine Nase, ein fleischiger, nicht unedler Vorsprung, leuchtete so rot, daß sie sein übriges Bild überstrahlte und nur sie mir deutlich vor Augen geblieben ist, während alles andere, ihre vermutlichen Anhängsel, ihr Bauch, ihr festzugeknöpfter Gehrock, ihre kurzen Röllchen, die immerfort nach vorn fielen und ärgerlich zurückgeschleudert wurden, schattenhaft, wie Nachtvögel um einen Leuchtturm, um diese Nase herumschweben. Herr Lorenz war meine erste Begegnung mit dem Typ des deutschen Bildungsphilisters; er stand wie eine Portalfigur vor der Welt, in die ich eingeführt werden sollte. Im Nebenamt war er Dichter und beanspruchte, daß man ihn als solchen ehre. «Ehret eure deutschen Meister», zitierte er aus den «Meistersingern». Überhaupt schwärmte er für Wagner und alles Heldische, zum Beispiel Bismarck und «unsern Heldenkaiser», die er offenbar nicht kannte, aber wie Öldrucke in der guten Stube seiner Seele aufgehängt hatte. Vom Kaiser, diesem liebenswürdigen, heiteren, echten menschlichen Grandseigneur, meinte er, er sollte allen ein Beispiel sein wegen seiner Strammheit. Er sah in ihm nur einen idealen alten Unteroffizier. Von Bismarck, er sei nach Siebzig zu weich geworden; er hätte es Europa «zeigen sollen». Ich staunte. Vor dem «Roland» hielt er uns einen Vortrag über seine «Weltanschauung», ein Wort, das ich zum erstenmal hörte. Am meisten schwoll ihm der Busen im Stolz auf seine Bildung («Büldung», sprach er), die er durch Zitate aus seinen Dichtungen belegte. Er deklamierte diese in einem tiefen Baß, der übrigens wohllautend, nur leicht mit Alkohol belegt war. Wenn ihm auf der Straße eine Stelle von besonderer Erhabenheit aus seinen Dichtungen aufstieß, blieb er auch mitten auf dem Fahrdamm stehen, packte mich an der Schulter und schrie mich mit hervorquellenden Augen an: «Das mußt du dir merken, mein Junge, so etwas steht nicht in eurem Goethe!» Wir aßen im Ratskeller, wohin mein Vater noch einige Bekannte bestellt hatte. Leider waren solche darunter, die Herrn Lorenz nach seiner Ansicht nicht genügend als Dichter anerkannten, weshalb er Wert darauf legte, die Gelegenheit nicht vorbeizulassen, sie zu bekehren. Er begann daher schon zu den Austern aus seinen Werken vorzutragen, eine Stelle, die auf Austern Bezug hatte; und als das Gespräch trotzdem weiterging, bat er barsch um «Ruhe!» Umsonst! Und so stand er auf, winkte mit einer theatralischen Gebärde den Kellnern, die gerade das Zwischengericht hereintrugen, ab, verbat sich diese Respektlosigkeit und schrie, als noch immer keine Ruhe eintrat: «Wenn ihr schon einen deutschen Dichter nicht anhören wollt, so hört wenigstens einen Römer!» und schickte sich an, Horazens Ode an Mäzen vorzutragen. Einige Herren riefen: «Setzen Sie sich, Lorenz, wir sind hier nicht auf der Schule, Schluß, Schluß!» Da griff er nach hinten, faßte einen leerstehenden Stuhl, schwang ihn hoch und brüllte: «Wenn ihr die Dichterfürsten nicht in Güte anhören wollt, so werde ich euch Kultur mit Gewalt beibringen. Jeder, der jetzt noch ein Wort sagt, dem schlage ich den Schädel ein!»

Worauf er, den Stuhl hoch reckend, meinem Vater zugewandt, loslegte: «Maecenas atavis edite regibus ...» Mein Vater, der viel Humor und gute Nerven hatte, versuchte, halb verstimmt und halb lachend («Aber, aber, Lorenz!») der absurden Huldigung ein Ende zu machen; die andern schwiegen jetzt, teils weil Lorenz für «etwas überspannt» galt und bereits einmal einen Gegner mit einem Stuhlbein überzeugt hatte, teils weil er als halber Narr und lustige Figur ganz beliebt war. Man hörte ihn daher bis zu Ende an, und auch noch eine Übersetzung der Ode und dazu einige ironische Bemerkungen über Bremer Stadtmäzene. Nur hatte die Sache für mich und meinen Vater ein bitteres Nachspiel; unser Zug nach Hamburg ging, und so mußten wir wegen Herrn Lorenz, ohne gegessen zu haben, hungrig weiterreisen.

Am 17. September spät trafen wir in Hamburg ein. Am nächsten Morgen lag die Alster spiegelnd und glitzernd in der Frühsonne vor den Fenstern des «Hotel de l'Europe». Hamburg, wo ich seit meinem zweiten Lebensjahr nicht mehr gewesen war, war mir völlig fremd. Es bedeutete für mich nichts als ein Wort, mit dem sich nur einige unzusammenhängende Vorstellungen verbanden, wie: daß es die Heimat meines Vaters war, daß auch unsere Marie, die ich innig liebte, aus der Nähe stammte, daß dort ein eigenartiges, vom korrekten abweichendes Deutsch gesprochen wurde und daß Menschen und Dinge in Hamburg alle blitzblank, gediegen und ohne Geschmack seien, weshalb Hamburgerinnen, wenn sie nach Paris kamen, meist etwas steif und gestriegelt aussahen. Und nun lagen lachend in der Morgensonne Binnen- und Außenalster da, von bunten Gärten und Baumgruppen umsäumt und von vielen weißen Segeln und kleinen Dampfern belebt; und alles war zwar blitzblank, aber auch schön und anheimelnd und in keiner Hinsicht provinziell oder komisch. Und als wir ausgingen, stand plötzlich der Petriturm vor uns mit seinem himmelstürmenden spitzen grünen Kupferdach, der eindrucksvollste Turm der Welt, und die Sprache der Menschen auf der Straße war die unserer Marie und mir deshalb sofort vertraut und sympathisch, so daß ich mir das mühsam eingeübte «scht» gleich wieder abgewöhnte. Ich verliebte mich in Hamburg auf den ersten Blick und damit in Deutschland. Ich habe mich nur einmal wieder so in eine Stadt verliebt, in Berlin nach dem Kriege, als ich es in seiner tiefsten Not um Brot und Licht ringen sah. Ich ahnte an diesem schönen Septembermorgen nicht, daß noch ein schwerer Kampf bevorstand zwischen dieser neuen Liebe und der mitgebrachten Anhänglichkeit an England. Vorläufig hing mir der Himmel dieser lichten und weiten Stadt voller Zukunft und Glück.

Im Laufe des Tages lernte ich eine große Zahl von Verwandten kennen, darunter junge Vettern, die lustig schienen, und hübsche, elegante und fröhliche Kusinen. Die beiden Schwestern meines Vaters, zwei reine und zarte Menschen, hatten Hamburger Kaufleute geheiratet. Die eine, meine Tante Lulu Meyer, lebte in weniger glücklicher Ehe mit einem um zwanzig Jahre älteren Mann, der sein Vermögen in Mexiko gemacht und später in Hamburg halb verspekuliert hatte. Sie bewahrte mit fünfzig Jahren Reste einer durch Enttäuschungen und Trauer rührend gewordenen Schönheit. Ihr dunkelblondes Haar trug sie nach der Mode der sechziger Jahre in großen Wellen, die halb die Ohren bedeckten; nachdem sie ihren Wagen hatte aufgeben müssen, fuhr sie in Abendtoilette auf der Pferdebahn und hat mich jahrelang von ihrem knappen Taschengeld mindestens einmal die Woche in eine Konditorei oder in die Oper geladen. Denn sie vergötterte meinen Vater, der um einige Jahre jünger war, und hatte einen heißgeliebten einzigen Sohn im Knabenalter verloren, den ich ihr in einer mystischen Weise ersetzte. Die andere, meine Tante Guste Kempff, war mit dem Begründer und Leiter einer der damals zahlreich aus dem Boden schießenden chemischen Unternehmungen verheiratet, der den neuen Typ des Unternehmers, der zugleich Forscher und Kaufmann war, darstellte, wie ihn später Emil Rathenau und Robert Bosch in größtem Ausmaß zur Blüte brachten. Sie sah in ihrem Hause, da sie sehr musikalisch war, die besten Musiker und Künstler, wie Hans von Bülow, Rosa Sucher, Gura, und hat mich die deutsche Musik kennen und lieben gelehrt. Ihr Abgott war Brahms, den sie neben Beethoven stellte. Die Familie schien sich mit Vettern und Kusinen, Schwägern und Schwägerinnen uferlos auszudehnen. In ihr gab es Reiche und Arme, Glänzende und Bescheidene, Adlige und Bürgerliche, diese als Hamburger auf die Adligen etwas herabsehend. Von den Kusinen waren die hübschesten die Busses, die lustigsten die Haspergs. Durch die Haspergs waren wir entfernt vervettert oder verschwägert mit den Jenischs, was ich bald unangenehm zu verspüren bekam, weil die Tante des späteren Reichskanzlers Bülow, dessen Mutter eine Jenisch war, als «Affenjenisch» eine stadtbekannte Figur, ja, es ließ sich nicht verbergen, eine Art von Ungeheuer war. Die kleine schwächliche Person hatte einen mächtigen Kopf, der wie der eines Gorillas gebildet war; ein erschreckend gewaltiges Kinn stieß unter einem noch furchtbareren Mund vor, hinter dem die platte Nase und die kleine, flüchtige Stirn wie hinter einem bösartigen roten Gewächs verschwanden. Verschleiert huschte das arme ängstliche Geschöpf durch die Straßen; aber das ungeschlachte Kinn drängte sich durch jeden Schleier durch. Mit «Tante Affenjenisch» wurde ich trotz Leugnens jeder näheren Verwandtschaft und heftiger Proteste gegen die rohe Verspottung einer Unglücklichen auf der Schule nach dummer Jungen Art geneckt; und hieran knüpfte sich meine erste Erfahrung von dem Unterschied zwischen englischem und deutschem Schülerkomment. Einen großen, besonders frechen Burschen forderte ich zum Boxkampf. Da ich in Ascot im Boxen ausgebildet war, hatte ich ihn bald mit einem Kinnhacken *knock out.* Als er sich mühsam und halb betäubt wieder aufrichtete, ging ich auf ihn zu und wollte ihm die Hand reichen; er aber drehte mir den Rücken, nicht ohne vorher ausgespuckt zu haben, und die anderen Jungen lachten mich wegen meiner schlecht angebrachten Ritterlichkeit aus. Worauf ich weniger *gentlemanlike*, aber besser hamburgisch den noch immer unsicher torkelnden Flegel an den Schultern packte, umdrehte, mit einer Ohrfeige und einem zweiten Kinnhaken fertigmachte und siegreich das Feld verließ. Von «Affenjenisch» habe ich auf der Schule nichts mehr gehört.

Beim Pastor Blümer vom Hamburger Waisenhaus kam ich in eine für den gebildeten deutschen Mittelstand typische Familie in Pension. Die Pastorin war im Gegensatz zu der damenhaft auftretenden und gesellschaftlich regen Mrs. Kynnerley kaum außerhalb von Küche und Nähstube zu merken. Sie hatte müdes, glanzloses Haar, das sie in einem Zopf hochgesteckt trug, und

Hände, die von harter Arbeit zerschlissen waren. Sie war fleißig und geduldig, aber als Frau reizlos und wurde von der übrigen Familie kaum beachtet. Sie hatte fünf Kinder, drei Jungen und zwei Mädchen, die beiden älteren Knaben etwa in meinem Alter, die Mädchen etwas jünger. Ich lebte jahrelang mit diesen jungen Menschen wie mit Brüdern und Schwestern ziemlich einträchtig, aber ohne näheren Kontakt, außer mit dem ältesten, Robert, der zart und schlank war und mit sechzehn Jahren auf einer Segelreise nach den Philippinen an der Schwindsucht starb.

Der Pastor selbst flößte schon durch seinen vierschrötigen Körperbau und seine tiefe pastorale Stimme Respekt ein. Er war in der Tat ein vorzüglicher Mann, der nur nichts von einem Erzieher hatte. Seine Tätigkeit erschöpfte sich in Verboten. Er verbot und verbot immer wieder und hielt bei Gelegenheit Strafpredigten, die aber wirkungslos blieben, weil ihm der Zugang zum jugendlichen Herzen fehlte. Er hatte offenbar keine Phantasie und behandelte daher Knaben und Erwachsene gleich, so wie er es im theologischen Seminar gelernt hatte, nach bestimmten Schablonen. Am ersten Morgen lud er mich in sein Studierzimmer, duzte mich und hielt mir einen Vortrag über meine Pflichten als Schüler und Haussohn. Eine Wand richtete sich zwischen uns auf; ich fühlte zum erstenmal, daß ich jung und er alt war, und das Duzen, das ich aus England nicht gewohnt war, erschien mir von ihm zu mir wie eine sinnlose Kränkung. Dieses Gefühl, daß er in einem mittleren, gesetzten und fremden Alter stehe, bin ich nie wieder losgeworden. Es schien unvorstellbar, daß er, wie Mr. Kynnersley, laufen, mit uns spielen, als Kamerad verkehren könnte. Ich habe ihn, glaube ich, nie anders als im Talar oder schwarzen Rock gesehen, außer wenn er im weißen Frisiermantel sich beim Friseur in seinem kurzen, roten, graumelierten Seemannsbart die Lippe ausrasieren ließ. Dabei war er mir gegenüber, wie ich bald bemerkte, unsicher; ich muß ihm viel Kopfzerbrechen bereitet haben, schon weil er Lutheraner und ich reformiert war. Denn er war streng orthodox, bekam einen roten Kopf, wenn er von den «schwarzen Schafen», den liberalen Pastoren, sprach, und trug sonntags in der weißgetünchten Waisenhauskapelle ein evangelisches Christentum vor, das nur noch eine Mumie war und bald für mich einen Anstaltsgeruch nach Karbol und grüner Seife annahm. Im übrigen überließ er uns, wenn wir nur die Hausordnung nicht störten, uns selbst; so daß wir sozusagen «wild» aufwuchsen und Dinge hinter seinem Rücken vor sich gingen, über die ihm die Haare zu Berge gestanden wären. Seine stärkste Belastung als Erzieher, soweit er mich erziehen sollte, war, daß ich um nichts in der Welt so wie er werden wollte.

Sehr sonderbar war die Rolle der «Bildung» im Blümerschen Haus. Wenn von jemand gesagt wurde, er sei «ungebildet», so war das so, wie wenn es in England hieß, jemand sei «kein Gentleman», es gab nichts Geringschätzigeres. Der Kult der Bildung hatte etwas Mystisches! Auch insofern, als sein eigentlicher Gegenstand nicht zu fassen war und kaum je aus einem allgemeinen Nebel hervortrat. Wir wußten nur, daß das Ziel unserer Schulung war, uns zu gebildeten Menschen» zu machen, und die Pflicht uns daher auferlegt war, mit rastlosem Fleiß uns Tag und Nacht zu bilden. Was aber der Inhalt oder gar der Zweck dieser so heftig umworbenen «Bildung», dieses verschleierten Götterbildes, war, blieb unklar. Zum Beispiel erinnere ich mich eines Streites, der mich betraf, ob Hebräisch für den wirklich gebildeten Menschen unentbehrlich sei? Geschmack, das heißt ein durchgebildetes Gefühl für Formen und Farben, gehörte bestimmt nicht zur «Bildung». Das Blümersche Haus, das ein Spiegelbild der Kultur des Hamburger gebildeten Mittelstandes war, nahm auf das Auge kaum die primitivsten Rücksichten. Wohnungseinrichtungen waren zu jener Zeit mit wenigen Ausnahmen überall muffig und schwer. Im Herzen trug ich das Haus meiner Großmutter in London; sie hatte alte, schöne, einfache Sheraton- und Adam-Möbel, unter anderem eine Salongarnitur aus Rosenholz, die Angelica Kauffmann, Goethes Freundin, mit Amoretten, himmelblauen «Liebesschleifen» und bunten Frühlingsblumen geschmückt hatte; dazu helle, weiche Stoffe, die zart auf das Rosenholz und Angelicas Phantasien abgestimmt waren. Bei Blümers war die gute Stube schwarz, und der Möbelbezug, da die Plüschzeit erst noch bevorstand, Rips, ein harter Wollstoff, der kaffeebraun gefärbt war. Die Tapeten, auf denen über dem Familiensofa Photographien von Verwandten schwarzgerahmt und die Sixtinische Madonna in Stahlstich hingen, waren ebenfalls kaffeebraun; und selbst die Spitzenvorhänge wurden nach jeder großen Wäsche mit Kaffee leicht getönt.

Und so wenig wie die Verfeinerung der Sinne war die Durchbildung des Körpers ein Teil der «allgemeinen Bildung». Der Sport, selbst der Wassersport auf der Alster, Segeln, Schwimmen, Schlittschuhlaufen, steckte in den Kinderschuhen und wurde von den erwachsenen Gebildeten als Spielerei und Zeitverlust abgetan. Nur das Turnen genoß wegen Turnvater Jahn ein offizielles Ansehen, so daß es sogar in den Schulkursus aufgenommen war, allerdings wie ein armer Vetter bei reichen Verwandten. Wir turnten im Straßenanzug mit Kragen, und der Turnlehrer war in unseren Augen ein sehr unbedeutender Pauker.

Bildung war aber auch nicht Charakterbildung oder gar wie in England die innere und äußere Formung eines Menschen im Hinblick auf einen Zweck, das heißt zum selbständigen Träger politischer und nationaler Ziele. Die deutsche «Bildung» war im Prinzip «allgemein» und sollte auf alles vorbereiten; der deutsche Gebildete glich einem Gegenstand, der tausend verschiedenen und auch entgegengesetzten Zwecken dienen kann; ihm fehlte die harte und schöne Linie des einem Zweck vollendet angepaßten Organs.

Und trotzdem war Bildung nicht mehr wie zur Zeit Herders und Goethes die Erziehung zu einer allgemeinen Aufgeschlossenheit der Seele sowohl nach ihrer Geistes- wie auch nach ihrer Gefühlsseite, eine bewußt äußere Zwecke außer acht lassende innere Verklärung und Vervollkommnung des Menschen. Zwecke, sogar materielle, hatten sich eingeschlichen, ohne mit dem älteren humanistischen Ideal zu verschmelzen; im Gegensatz zu England, wo der Wille zur politischen und kommerziellen Macht mit antiker Humanität und der weltmännischen Sicherheit des Renaissancemenschen eine Legierung von unerhörter Härte, Zähigkeit und Glätte eingegangen war. Bei uns gab es kein allgemeingültiges Vorbild wie den englischen Gentleman, sondern jeder mußte, so gut er konnte, in sich die Elemente des neudeutschen Menschen zusammenschmieden. Den meisten mißlang das; sie blieben mit ihren Widersprüchen eine formlose Masse, über der die wenigen, die sich zu einer Persönlichkeit durchrangen, ohne innere Verbundenheit schwebten. Daher der erstaunliche Haß oder schlimmer noch die Gleichgültigkeit von großen deutschen Geistesaristokraten, wie Schopenhauer und Nietzsche, gegen die Menge. Deutschland besaß in den siebziger und achtziger Jahren eine Geistesaristokratie, wie England eine politische; nur daß die englische Aristokratie sich das Volk hörig gemacht hatte, während die deutsche sogar dem gebildeten Mittelstand fremd gegenüberstand. Denn gerade diesen hatten die neuen materiellen Ziele verwirrt und unsicher gemacht; wozu noch Umstände hinzukamen, über die noch zu reden sein wird, die ihm von der Politik her die Knochen weich machten.

In dieser Hinsicht war Pastor Blümer typisch. Er ging jeder Auseinandersetzung mit Gesichtspunkten, die ihm nicht schon auf dem Seminar beigebracht worden waren, aus dem Wege; er tat das mit Ruhe, salbungsvoll, konsequent, unterirdisch maulwurfartig sich von Problemen forttastend, mit einem Fingerspitzengefühl für jede auch nur entfernte geistige Gefahr. So hatte er sich überzeugt, daß die deutsche Literatur seit Goethe nichts von Wert hervorgebracht habe, und fühlte sich schon Goethe gegenüber unsicher. Als ich, ohne ihn zu fragen, von meinem Taschengeld Goethes Werke kaufte, wurde ich getadelt, weil allerhand dort stehe, was für einen jungen Menschen nichts tauge. Goethe in fünfzehn oder zwanzig Bänden kam beim Pastor vorläufig in Verwahrung. Sein Lieblingsbuch, das auf dem Schreibtisch neben Luthers Tischgesprächen lag, waren die «Palmblätter», eine Auswahl geistlicher Gedichte vom württembergischen Generalsuperintendenten Gerok. Wie das Blümersche Christentum mit Karbolgeruch, so sind diese beiden Werke für mich seitdem mit kaltem Tabaksqualm behaftet, weil der Pastor, wenn er mit mir sprach, unermüdlich an einer glimmenden Zigarre sog und die Linke auf diese beiden Bücher stützte, die ihm das Gefühl einer inneren Sicherheit gaben. Bei der Auseinandersetzung über Goethe führte er aus: Wenn ich mich schöngeistig bilden und auf den deutschen Aufsatz vorbereiten wolle, so empfehle er mir, statt Goethe, *diese* beiden Werke, dazu Schillers «Abfall der Niederlande» und als Lyrik, für eventuelle Zitate, Theodor Körner. Die

Tagesliteratur verfolgte er ohne größeres Risiko in der Familienzeitschrift «Daheim». Ich kann mich nicht entsinnen, daß ich je von ihm die Namen von Novalis, Brentano, Hölderlin oder die von Stifter, Hebbel, Büchner, Gottfried Keller gehört hätte. Vielleicht war das gut; denn ich durfte so die wunderbare Blüte deutscher Dichtkunst, die das neunzehnte Jahrhundert verklärte, wie einen geheimen Zaubergarten, mit tiefem Entzücken allein entdecken.

Nämlich langsam drang doch etwas von dem freien, großen Menschentum Goethes und der deutschen Romantik durch die bürgerliche und pastorale Vernebelung durch. Und noch in dieser Unvollständigkeit ergriff es und berauschte mich. Ich verdanke ihm, daß in dem schweren Kampfe, der zwischen meiner englischen Prägung und meinem deutschen Blut jetzt entbrannte, das Deutschtum siegte. Jedes deutsche Wort wurde mir in seiner Schönheit und Innigkeit, seinem Klang und Duft heilig. Mein Verhältnis zur deutschen Sprache nahm in dieser Heimlichkeit die Tiefe eines das Innerste aufwühlenden Liebesabenteuers an. Ich versuchte Verse zu machen, in denen die Wörter wie Edelsteine glänzen und aneinander, wie in einem Schmuck, sich entzünden sollten. Die Gesänge der Engel, die Fausts Unsterbliches entführen, und gewisse Gedichte von Goethe und Hölderlin sprach ich mir, sie mit den Lippen und dem Ohr abtastend, von ihrer Farbe und Musik überwältigt, immer wieder vor. Vielleicht lag es an den Jahren in der Fremde, daß die deutsche Sprache für mich lange etwas von einem vor plumpen Zugriffen zu hütenden Schatz behielt.

Jener Kampf wurde eigentlich erst durch die Schule entfesselt, weil ich hier bei den Lehrern einen Geist kennenlernte, der vom englischen nicht bloß verschieden, sondern ihm in vielem und wesentlichem diametral entgegengesetzt war und mich zum Rebellieren reizte. Der erste Punkt war die Einstellung zur Arbeit. Das Johanneum, die alte Gelehrtenschule, vom Reformator Johannes Bugenhagen gegründet, war eine der berühmtesten und stolzesten in Deutschland. Der Lehrstoff, Griechisch, Latein, Deutsch, Mathematik und Geschichte, wurde zwar trocken, aber gründlich durchgenommen. Die Anforderungen an die Schüler waren außerordentlich. Wir blickten auf das andere Hamburger Gymnasium und die der Nachbarstädte als auf etwas windige und zweitklassige Anstalten herab. Wenn einer auf dem Johanneum nicht mitkam, verschwand er dorthin und galt, wie es hieß, in Altona oder Lüneburg immer noch als ein ganz guter Schüler. Eigentlich wurden von uns nur Schulpforta und Meißen als ebenso gelehrt und gründlich anerkannt. Ich verdanke dem Johanneum eine sichere Grundierung auf allen Gebieten, die sein Lehrplan umfaßte; und das ist, wie ich oft erkennen mußte, recht viel. Ich kann auch nicht sagen, daß mich dieser gelehrte Unterricht abgestoßen hätte; im Gegenteil, die Vertiefung meiner Kenntnisse in Griechisch und Latein machte mir Freude; was allerdings seinen Grund darin hatte, daß ich beide, wenn auch mit sehr oberflächlicher Kenntnis der Grammatik, doch fließend, wie lebende Sprachen las und das Eindringen in ihre grammatische Struktur das Lesen erleichterte, während meine Mitschüler meistens in der Grammatik steckenblieben und nie durch sie zum Genuß des Lesens durchdrangen. Sie waren in der Lage von Kindern, denen die Kindergärtnerin in der Fibel nur die Buchstaben, aber nicht die Wörter zeigen würde; den Lehrern genügte es, wenn sie den Schülern in Latein und Griechisch sozusagen das Buchstabieren beibrachten, der Geist stand nicht bei ihnen im Programm, während in England vom Geist ausgegangen wurde, mochte die Grammatik darüber auch ein wenig zu kurz kommen. Und hieran entzündete sich der Konflikt. Denn diese Methode verriet ein Geheimnis; wir sollten eigentlich gar nicht Griechisch oder Latein lernen, sondern Arbeiten. Arbeiten um seiner selbst willen; man wollte uns abrichten zu Arbeitstieren. Vom Ideal des humanen, die ganze Menschheit und ihre Kultur in Kopf und Herz tragenden Menschen, das die Goethezeit entflammt hatte, war nur der ungeheure Fleiß übriggeblieben, der nötig war, um den unermeßlichen Stoff aufzunehmen. Und dieser Fleiß hatte sich selbständig gemacht, wie eine Art von satanischer Majestät den Thron des alten humanen Ideals usurpiert, um den Herren der neuen Zeit die für die Mechanisierung der Wirtschaft benötigten unermüdlichen und selbstzufriedenen Sklaven zu liefern. «Deutsch sein heißt eine Sache um ihrer selbst willen tun», war das Schlagwort. Ich aber wollte nicht in diesem Sinne deutsch sein. Ich wollte wissen, wozu der Schweiß? Und leistete erbittert und verbissen passiven Widerstand, innerlich und, soweit das anging, auch äußerlich gegen jede Arbeit, die nur meinen Fleiß erproben und üben sollte. Ich wurde ein Rebell mit dem Bewußtsein, ein selbstverständliches Menschenrecht zu verteidigen. Ich haßte und hinterging mit gutem Gewissen die Lehrer, die uns zum Büffeln um des Büffelns willen zwingen wollten.

Zur Vergiftung des Konfliktes trug der Ton bei, den gewisse Lehrer anschlugen. Ihr Verhältnis zu den Schülern war eines wie zwischen Unteroffizieren und einer immer zum Meutern bereiten Mannschaft. Mit dem einen, ich will ihn X. nennen, der uns in einem Hauptfach der Tertia und Untersekunda unterrichtete, lebten wir in offenem Krieg. Er gehörte zur jüngeren Generation, war Reserveleutnant und benutzte jede passende Gelegenheit, um in Uniform in der Klasse aufzutreten. Er schnarrte wie auf einem Kasernenhof, was nicht nur mir, sondern auch meinen Hamburger Mitschülern noch neu war. In diesem Ton kam er uns moralisch, ermahnte uns zu einem «schneidigen und ernsten Lebenswandel», damit wir tadellos *dienen* könnten.

Dabei blieb es uns bald nicht verborgen, daß er ein ständiger Besucher gewisser Hamburger Bordelle war. Denn es gehörte zu den Eigentümlichkeiten der Stadt Hamburg, daß schon die Schuljungen mit diesen Instituten, wenigstens von außen, in einer fortlaufenden Berührung blieben. Mich und meine Kameraden, die in St. Georg oder auf der Uhlenhorst wohnten, führte unser Weg täglich zweimal durch eine Bordellgasse, aus deren mit einer roten Laterne versehenen Häusern hübsche geschminkte Mädchen winkten. Ein paarmal hatte dieser oder jener X. in ein solches Haus verschwinden sehen. Seine widerlich abgeknabberten Nägel, die durch weiße zerfledderte Häutchen wie die eines Aussätzigen verunziert waren, brachten wir in irgendeinen Zusammenhang mit diesen Bordellbesuchen. Einmal, nach einer Kaiser-Geburtstagsfeier, wo er mit aufgesetztem Schnurrbart wieder Moral geschmettert hatte, sammelten wir Geld und statteten einen Mitschüler mit dem Nötigen aus, damit er X. im Bordell überrasche. Unser Beauftragter war ein stämmiger hübscher Bursche mit einem dichten dunklen Haarschopf, der, weil er zur See wollte und ein Boot hatte, bei uns der «Maat» hieß. Er hielt sich auf der Straße, die wir alle gut kannten, im Festtrubel verborgen, bis X., jetzt in Zivil, in ein Haus schlüpfte. Eine Viertelstunde später trat der «Maat» als fünfzehnjähriger Don Juan in den Salon, wo X. in den Armen eines nur mit einem Hemd bekleideten jungen Wesens lag. Dem sprachlosen X. sagte der «Maat», wie er der Klasse berichtete, bloß: «Aber bitte, Herr Doktor, lassen Sie sich nicht stören, ich wollte mir auch nur ein Mädchen suchen», und verschwand sofort mit einer andern jungen Dame in die obere Etage.

Tragischer endete ein Konflikt für einen anderen Schüler. Dieser hieß Rodewald, war ein stiller, fleißiger Junge, aber für Mathematik unbegabt. Der Mathematiklehrer K., ein schwerer großer Mann mit einem schwarzen Vollbart, einer hämischen hohen Fistelstimme und viereckigen, platten Fingern und Zähnen, verfolgte Rodewald, ohne Ruhe zu geben, mit seinem Spott; jeden Tag machte er ihn vor der Klasse lächerlich. Ich verkehrte gern im Rodewaldschen Haus, weil die Mutter ihren Sohn vergötterte und auch sonst einfach und lieb war. Sie fragte mich wiederholt, ob ihrem Jungen, der sich K.s Verfolgung sehr zu Herzen nehme und von Tag zu Tag deprimierter werde, nicht zu helfen sei. Ich riet zum Übergang auf ein anderes Gymnasium. Da geschah aber schon das Unglück. K. hielt Rodewald bei einer Schlägerei mit einem andern Jungen auf der Straße an und sagte ihm, jetzt werde er ihn dem Direktor melden und, da er ohnehin zu dumm sei, um zu studieren, veranlassen, daß er aus dem Gymnasium ausgeschlossen werde. Am nächsten Tag war der junge Mensch verschwunden; und vierundzwanzig Stunden später zog man ihn mit einer Kugel im Kopf aus der Elbe. Nie werde ich das Nachfolgende vergessen. Ich wurde in das Rodewaldsche Haus zitiert, ausgefragt und schließlich an den offenen Sarg geführt, in dem mein Mitschüler sehr bleich und wächsern, aber übernatürlich schön lag. Man hatte, um die Wunde zu verbergen, den Kopf ganz in Rosen gebettet, so daß das zarte, feine, kindliche Gesicht nur wie eine Maske heraussah, ein Gesicht des Todes, dessen Ebenbild ich später in dem der «jungen Selbstmörderin aus der Morgue» wiedererkannte. Wir schwuren, und die ganze Klasse hielt den Schwur, dem Lehrer K. einen unauslöschlichen Haß. Wir nannten ihn unter uns nur den «Mörder». Nie wieder sah er ein freundliches Gesicht bei uns. Er aber wurde von Tag zu Tag scheuer.

Um gerecht zu sein, muß ich schon hier eine dritte Figur anführen, obwohl sie erst mehrere Jahre später in meinen Gesichtskreis trat: den Professor Bintz, der in Unter- und Oberprima mein Klassenlehrer wurde. Dieser war im Gegensatz zu den andern Lehrern ein wirklicher Erzieher, der einzige, der außer Kynnersley Einfluß auf mich gehabt hat. Auch er war Hauptmann, Reserveoffizier, wenn ich mich nicht irre eines Potsdamer Garderegiments, und wegen seiner Strenge gefürchtet, ein kleiner kugelrunder Mann; man nannte ihn «Napoleon»: rundes Gesicht, gerundeter Bauch, Beinchen wie Röhren, Schaftstiefel, mit denen er militärisch auftrat, ein Mann der Pflicht, die er auch für sich ernst nahm, und bekannt wegen seiner unbestechlichen Gerechtigkeit. Am Tage nach unserem Antritt in Unterprima ließ er mich in seine Wohnung kommen, stellte sich vor mich hin und sprach mich an: «Ich weiß, Sie sind der Begabteste in der Klasse, aber widerspenstig. Sie könnten *Primus* sein, aber Sie wollen sich keine Mühe geben. Das ist unanständig. Sie geben Ihren Mitschülern, die auf ihre Kenntnisse später für ihren Lebensunterhalt angewiesen sein werden, ein schlechtes Beispiel. Ich werde das nicht dulden. Wir sind hier keine Gentlemen, sondern Deutsche, die arbeiten müssen, weil sie arm sind. Sie sind gesellschaftlich bevorzugt. Ihre Eltern stehen unserem Allerhöchsten Herren nahe. Um so mehr haben Sie die Pflicht, hier für einen guten Geist zu sorgen. Ich werde gegen Sie strenger sein als gegen die anderen. Wenn Sie den Anforderungen genügen, die ich nach Ihrer Begabung an Sie stellen muß, bin ich Ihr Freund, wenn nicht, tragen Sie die Folgen. Sie können jetzt gehen. Morgen in der Klasse werde ich Sie prüfen.» Am nächsten Tage brachte er einen nicht im Schulprogramm stehenden griechischen Schriftsteller, den Satiriker Lukian, mit in die Klasse und hieß mich aus dem Stegreif den «Zeus Tragodos» übersetzen. Die Klasse, die durch den Ruf von Bintzens Strenge ziemlich bedrückt war, kicherte zuerst über die tollen Einfälle Lukians etwas ängstlich, brach dann aber, als der goldelfenbeinerne Zeuskoloß des Phidias sich in die Götterversammlung eindrängt, den Vorsitz an sich reißt, aber infolge seines Gewichtes durch den Olymp durchbricht, in schallendes Gelächter aus. Bintz hatte sich die Jungen und mich erobert. Sofort legte er aber die Kandare wieder an und diktierte in der nächsten Stunde ein ausgesucht schwieriges Extemporale, in dem wir alle eine Rekordzahl von Fehlern machen mußten und infolgedessen zu einer scharfen Rüge Anlaß gaben.

Aber ich greife hier, wie schon gesagt, vier Jahre vor, von denen die beiden ersten, mein fünfzehntes und sechzehntes, äußerlich zu den flachsten meines Lebens gehören, innerlich ein fortgesetztes Ringen unruhiger, unverträglicher Kräfte waren. Durch die plötzliche Verpflanzung aus der englischen in die deutsche Erde wurde ein für Geist und Seele lebensgefährliches Experiment mit mir angestellt, und fast wäre ich daran zugrunde gegangen. Instinktiv flüchtete ich aus der gefährlichen Tiefe an die Oberfläche. Ich wurde ein abscheulicher kleiner Snob und Gernegroß, eitel, vergnügungssüchtig und selbstgefällig. Ich ließ mich in kleinbürgerlichen Kreisen als Graf feiern, folgte aufmerksam in meiner Kleidung der Mode und tanzte viel. Außerdem nahm mich Oskar Fetrás, ein damals sehr beliebter Schlagerkomponist, unter seine Fittiche; wo ein Ball war, schleppte er mich mit. In meinem ersten Frack, ganz «junger Herr», versuchte ich zu flirten, wobei mir ältere Damen freundlich entgegenkamen. Der Höhepunkt dieser leeren Ausgelassenheit war ein Kostümball, auf dem ich, sechzehnjährig, als französischer Marquis in lachsfarbenem Atlas mit blauem Ordensband und gepuderter Perücke erschien und stürmisch als «Casanova» begrüßt wurde, ein Name, der mir dann einige Zeit blieb. Ein exotischer Maler, der ein schlechtes Porträt von meiner Mutter gemalt hatte, bat mich, ihm für ein Bild «Venus und Adonis» Modell zu stehen; und es zeugt für meine Naivität und Eitelkeit, daß ich ihm wenigstens einmal den Gefallen tat. In dieser Zeit las ich ungeheuer viel; das erhöhte mein Selbstgefühl und rettete mich vor mir selbst. Da die deutsche Literatur mir sozusagen verheimlicht wurde, las ich hauptsächlich Griechisch und Englisch. In der Liste, die ich über meine

Lektüre führte, finde ich fast die gesamte englische Literatur und von der griechischen, außer den Schulautoren Homer, Herodot, Lysias, Sophokles (diese las ich außerdem privatim ganz), vor allem Thukydides, die griechischen Lyriker, Äschylus, Aristophanes und Plato, der mich, wenn auch nur halb verstanden, entzückte. Der Ilissos und seine Ufer, die Haine, in denen Jünglinge mit Weisen über letzte Dinge sprachen, das Perikleische Athen wurden zu Teilen meiner geistigen Landschaft, in der ich mir neben Deutschland und England eine dritte Heimat gründete.

Zur Erhöhung meiner Zerfahrenheit knüpfte ich noch eine sinnlose Verbindung mit einer kleinen Nachbarin an. Sie war blond und die Tochter einer holländischen Witwe, die uns gegenüber wohnte. Der Vater war in Niederländisch-Indien wohlhabend geworden und gestorben. Die Mutter hatte seine Asche in einer Urne mitgebracht und diese, in Erwartung einer endgültigen Beisetzung auf einem holländischen Friedhof, bei sich in der guten Stube auf den Vertiko gestellt, was dem Raum etwas spießig Gespenstisches gab; namentlich da die Witwe von der Urne wie von einer Person als von «Freederik» sprach. Die Beziehung zu Mariechen fing damit an, daß sie mich in ihr Haus führte, um mir ihren Vater, das heißt die Urne zu zeigen. Dabei lernte ich die Witwe kennen, die mich zum Abendbrot dabehielt und dann häufig einlud, wobei nach Tisch meistens Pfänderspiele gespielt wurden und ich gelegentlich von Mariechen einen Kuß gewann. Sie hatte eine frische Haut, schöne, klare blaue Augen und etwas Überseeisch-Ausländisches in der Aufmachung: schottisch karierte Kleidchen, gestärkte Unterröcke, dazu weiße Strümpfe und kleine schwarze Lackschuhe. Außerdem sang sie holländische Liedchen, deren Sprache mir in ihrem Munde unwiderstehlich drollig vorkam; wenn ich mir das Lachen nicht verbeißen konnte, fing sie an zu weinen. Da die meisten meiner Kameraden «Poussagen» hatten, beschloß ich, Mariechen zu poussieren. Ich lud sie zum Schlittschuhlaufen ein und verschaffte ihr gelegentlich Einladungen, um mit ihr zu tanzen. An schönen Sommerabenden gingen wir nach dem Abendbrot in den Anlagen an der Alster spazieren, wo wir andere Pärchen trafen und begrüßten. Sie galt für das hübscheste Mädchen auf der Uhlenhorst, was mir schmeichelte; und ihr gefielen meine gesellschaftlichen Erfolge. Eigentlich empfanden wir nichts füreinander, sondern beschenkten uns nur gegenseitig mit dem Gefühl, daß wir zusammen wie ein Doppelgestirn vor der Jugend der Uhlenhorst glänzten. Ihr flüchtiger Reiz bestand in einem Hauch von Exotik, den sie um sich verbreitete. Sie legte an alles den Maßstab von Niederländisch-Indien. Sie sagte, wenn wir am Wasser gingen: «In Palembang störten die Affen in unserm Garten durch ihr Schnattern den Mondschein weniger als hier das Heulen der Sirenen.» Oder: «Hier legen sich die Gärten schlafen. Bei uns leuchteten die Blumen in der Nacht und dufteten bei Vollmond stärker als am Mittag.» Oder: «Eure Sterne sind ja keine Sterne; bei uns waren sie so groß wie Leuchtkäfer.» Sie mischte in die Hamburger Ehrsamkeit einen Tropfen von tropischem Kitsch; weiter kam man in ihrem Seelchen nicht.

Viel tiefer und fruchtbarer waren meine Freundschaften, an denen ich aus dieser seichten Oberfläche wieder in mich selber hineinfand. Da war zuerst meine Kusine Nenne Hasperg, ein schönes, hochbegabtes Mädchen, das ebensogut ritt wie plauderte, eine schlanke, blonde Erscheinung. Sie war zwei bis drei Jahre älter als ich und zog mich grausam mit meiner Flatterhaftigkeit auf; sie nannte mich nie anders als den «Veilchenfresser». Ich empfand für sie, trotz ihrer scharfen Zunge, eine große Bewunderung. Sie dichtete, und ich probte mit ihr eine Liebhaberrolle in einer ihrer Komödien. Ich meinerseits las ihr meine Gedichte und Teile aus meinen Dramen vor, die sie ganz klug kritisierte. Sie hatte mich bereits so weit, daß ich anfing, mich meiner Flachheit zu schämen; da starb sie plötzlich, achtzehnjährig, am Typhus.

Meine Schulfreunde zerfielen in zwei Arten: die, die sich hauptsächlich amüsieren wollten, von denen mir am nächsten der «Maat» stand, und die, die sich ernsthaft mit geistigen Dingen beschäftigten. Bis zu meinem sechzehnten oder siebzehnten Jahr habe ich fast ausschließlich solche der ersten Art gehabt. Der «Maat» nahm unter ihnen insofern eine Sonderstellung ein, als er zwar äußerst leichtsinnig und verwegen war, immer eine oder mehrere Freundinnen hatte, aber doch als künftiger Matrose, der er werden wollte, sein Boot und die See mehr liebte als die

Frauen – und durch die Lebhaftigkeit seiner Phantasie von fernen Meeren und Ländern im Gespräch ganze Landschaften und Seestücke aufbaute. Ich glaube, er war es hauptsächlich, der in mir die Lust zur Ferne weckte. Als ich später Conrad las, mußte ich oft an die Schilderungen des «Maat» denken. Wir unternahmen lange Segelpartien in seinem Boot oder schwammen zusammen in der Alster. Einmal zu Anfang der Sommerferien segelten wir die Elbe hinunter bis in die Nordsee und lagen die Nächte im Freien. Der Himmel war in diesen Jahren bis lange nach Sonnenuntergang rot vom Widerschein des Staubes, den der Vulkan Krakatoa bei seiner Explosion in die Luft geschleudert hatte. Es herrschte eine lang hinausgezogene Weltuntergangsdämmerung. Wir lagen und warteten auf die Sterne in einer Stimmung, in der alles möglich und erlaubt schien. Er wollte mich verführen, mit ihm nach England zu segeln; dort könnten wir uns anheuern lassen und die weite Welt sehen. Es war die Zeit meines heftigsten Widerstandes gegen die Abrichtung zum Arbeitstier. Er schilderte mir sein liederliches Leben, das ihn mit Abscheu füllte und dem er entfliehen möchte. Ich fühlte, daß mein Leben weniger liederlich, aber noch flacher sei. Während der Kahn sich im leisen Anprall der Flut wiegte und das Wasser an die Bordwand schlug, tauschten wir Geheimnisse. Ich hatte in England gute Kameraden, aber nie einen Freund gehabt; vielleicht lag das am Zufall, aber vielleicht auch an der Verschlossenheit englischer Jungen. Ich hatte das schon häufiger empfunden, daß meine kleinen deutschen Kameraden offener, naiver, natürlicher waren als die Jungen in Ascot. Jetzt lernte ich zum erstenmal Freundschaft als etwas von Kameradschaft Verschiedenes kennen. Er streckte mir die Hand hin: «Komm, Harry, komm mit; zusammen werden wir die Welt erobern. Und sauber, sauber wollen wir sein, all die Schmutzereien hinter uns zurücklassen, sauber wie unsere jungen, reinen Körper. Los, wir wollen im Meer unser altes Leben abwaschen und einen Bund schließen.» Im selben Augenblick stand er schon nackt auf dem Bootsrand und tauchte mit einem Kopfsprung unter, ich hinterher. Im Wasser, das uns sanft schaukelte, griffen wir unsere Hände und schwuren Freundschaft. Dann lagen wir die Nacht zu beiden Seiten des gerefften Segels und besprachen phantastische Zukunftspläne. In der nächsten und übernächsten Nacht wiederholten sich die romantischen Schwimmpartien und überschwenglichen Gespräche. Am dritten Tag wollten wir bei günstigem Wind fort nach England; da setzte Sturm ein, das Segel riß, und vernichtet fuhren wir zurück nach Hamburg. Aber immerhin bedeutete diese Tour einen Abschnitt in meinem Leben. Von da an trat die seichte Geselligkeit allmählich in den Hintergrund. Ich hatte ein neues Gefühl, ein wie mir schien spezifisch deutsches, die Freundschaft, kennengelernt.

Unter meinen Mitschülern waren die beiden Melchiors, Georg und sein jüngerer Bruder Karl. Georg Melchior war fast in allem das Gegenteil des «Maats»: hoch aufgeschossen, von etwas eckigen Bewegungen und gelblicher Haut, eher häßlich, aber gewissenhaft, besonnen, im Urteilen vorsichtig und von vorbildlicher Gerechtigkeit, dabei beschwingt von starkem Idealismus, der aber durch einen ungewöhnlich klaren Kopf gezügelt wurde. Ich glaube, wir kamen uns zum ersten Male näher, als ich meine Teilnahme an irgendeinem unbedachten Unternehmen damit entschuldigte, daß ich schwer nein sagen könne. Melchior erwiderte sehr ernst: «Man muß im Leben nein sagen können; wo kommt man sonst hin!!» Ich weiß nicht, warum diese Selbstverständlichkeit in seinem Munde einen starken Eindruck auf mich machte, vielleicht weil ich plötzlich einen Vergleich anstellte und in mich selbst hineinsah – – Ich fühlte, daß es gut wäre, ihn zum Freund zu haben. Bald merkte ich, daß er ungewöhnlich belesen war, vor allem in der älteren deutschen Literatur, die ich kaum kannte. Das führte zu längeren Gesprächen; und über die Literatur kamen wir zu höchst persönlichen Fragen der Lebenshaltung und Weltanschauung.

Er hatte vor, Rechtsanwalt zu werden, und hielt es für notwendig, seiner späteren Berufstätigkeit eine möglichst breite menschliche Unterlage in umfassenden allgemeinen Kenntnissen und vor allem in einer vertieften Kultur des Herzens und des Geistes zu schaffen. So ergab sich in ihm ein vollkommen organischer innerer Aufbau, bei dem alles seinen Platz bekam, und Inneres und Äußeres, Tiefes und Oberflächliches unter sich vernünftig und harmonisch geordnet wurden. Dem Chaos gegenüber, das ich war, stellte er ein reibungslos funktionierendes System dar. Er gab mir, was mir fehlte, einen Halt, an dem die wild in mir durcheinanderwuchernden Triebe sich sammeln und beruhigen konnten. Wir wurden Freunde, ohne daß ich den «Maat» fallen ließ, der mir in einer andern Weise unentbehrlich war, indem ich durch ihn und seine primitive Art mit der irdischeren und dunkleren Seite der Natur in Berührung blieb. Mit ihm machte ich noch einmal eine Tour auf der Niederelbe. Er nahm diesmal eine Freundin mit, ein ziemlich kesses Hamburger Hafenmädchen. Sie schlief in der winzigen Kajüte, wir auf dem Bootsdeck. Nachts badeten wir wieder wie im Vorjahre und erneuerten unsere Schwüre. Etwas Kosmisches spielte in unsere Freundschaft herein, die Sterne, Ebbe und Flut, das Meer – – und wie ein heller Diskant zu dieser Sphärenmusik das Jauchzen unserer jungen Körper.

Unser kleiner Kreis kristallisierte sich schließlich in einem seit 1817 am Johanneum bestehenden Schülerverein, der alle acht bis vierzehn Tage im Hause des einen oder anderen Schülers zu Vortrags- und Diskussionsabenden zusammenkam. Die Jungen brachten von zu Hause ihre eigene geistige Atmosphäre mit, die sich von der, die dank den Lehrern im Johanneum herrschte, nicht unwesentlich unterschied. In diesem Hamburg der achtziger Jahre waren die führenden Männer noch Weltbürger. Bis zum Zollanschluß 1884 gehörte die große Hafenstadt nur politisch, nicht wirtschaftlich zum Deutschen Reich. Praktisch, und sogar in vielen Dingen gefühlsmäßig, waren die Beziehungen zu England, Nord- und Südamerika enger als zu Preußen. Die großen Handelshäuser und Familien hatten ihre Vertretungen und Verwandten in London, New York, Buenos Aires, selten in Berlin. Die nächste preußische Stadt, Altona, galt fast als Ausland; sie war bis 1884 durch eine Zollgrenze von Hamburg getrennt. Diese Anlehnung an die weite Welt, dieser erst vor kurzem beseitigte wirtschaftliche Abschluß vom Reich wirkten sich unvermeidlich in den Anschauungen und Gewohnheiten aus. Ehen mit Binnenländern wurden in alteingesessenen Hamburger Familien fast wie Mesalliancen angesehen. Die Grundstimmung war bei allem Stolz auf das neugegründete Deutsche Reich kosmopolitisch. Und diese Stimmung herrschte auch in unserem Verein.

Dazu kamen die Traditionen der Goethezeit, in der er gegründet war. Mehr als die Schule war er eine wirkliche Bildungsanstalt im Sinne Goethes, Herders und Fichtes.

Ich las damals zum erstenmal den «Wilhelm Meister», auf den ich durch Georg Melchior hingewiesen wurde. Während ich Schiller infolge des Mißbrauchs, der mit ihm auf der Schule getrieben wurde, verabscheute, den «Werther» sentimental und unbefriedigend fand, bekam ich beim «Meister» eine erste Ahnung von der Größe der klassischen Zeit Deutschlands. Sie ging mir wie eine neue, noch unbekannte Welt neben der griechischen und englischen auf. Der «Meister» bildete einen nie zu erschöpfenden Gesprächsstoff in unserem Kreise. Hier war aus der geistigen Atmosphäre einer anderen großen deutschen Handelsstadt eine Weltanschauung gewachsen, die die Menschheit in allen ihren Höhen und Tiefen einbezog. Ein Goetherausch erfaßte uns. Ich verschlang den «Faust», «Dichtung und Wahrheit», die Dramen, die Gedichte, unersättlich, um die hohe, uns so nahe und doch so unnahbare Erscheinung zu greifen. Jetzt war die Lektüre keine Sache der Selbstgefälligkeit, der Ablenkung von mir selbst, sondern der Einkehr. Goethes Figuren, Marianne, Gretchen, die Bajadere, Prometheus, lebten in mir wie leuchtende Phantome, so daß hinter ihnen zeitweise selbst Plato und Shakespeare verblaßten. Ich wagte jetzt, in mich hineinzusehen und Hoffnung auf Heilung meiner inneren Zerrissenheit zu fassen.

Ich habe schon gesagt, daß die Abart des evangelischen Christentums, die Pastor Blümer uns sonntags in seinen Predigten reichte, mich völlig kalt ließ. Etwas stärker, wenn auch nur oberflächlich, berührten mich die Unterweisungen des Pastors der Reformierten Gemeinde, Spörri, dem ich zur Konfirmation anvertraut wurde; dieses allerdings gegen den ausdrücklichen Protest, den Pastor Blümer bei meinem Vater schriftlich einlegte, weil Spörri einer weniger orthodoxen Auffassung des Christentums als er selbst zuneigte. Meine einzige wirkliche religiöse Erfahrung in diesen Jahren waren die herrlichen protestantischen Choräle. Wenn die Waisenhausknaben mit ihren Kinderstimmen «O Haupt voll Blut und Wunden» anstimmten und die Gemeinde in ergriffener Innigkeit einfiel, dann schien, was ich bisher vom Christentum gehört und gesehen hatte, mit Einschluß der englischen Staatskirche flach und ohne tiefere Bedeutung. Hier erst erlebte ich *Religion*, Verbundenheit mit andren in einer die Untergründe der Seele aufwühlenden Gottesnähe; und ebenfalls Blutsnähe mit Menschen, die mir sonst, am Alltag, oft so gleichgültig und fremd schienen. In der Zeit meiner seichtesten Selbstgefälligkeit, zu Ostern 1883 oder 1884, bekam ich den erschütterndsten Eindruck dieser Art, als ich zum erstenmal die Matthäuspassion hörte; tränenüberströmt, wie wenn alles in mir aufgebrochen und Schmerz geworden wäre, was in den Tiefen meines Blutes vor mir selbst verborgen schlummerte, eilte ich nach Hause, um mich zu verstecken.

Das war Jahre her. Aber jetzt, wo ich innerlich ruhiger und klarer war, wurden die Erlebnisse, die in die Tiefe gedrungen waren – jenes mit Johann Sebastian Bach, das mit Goethe, das der Freundschaft –, zu Quellen eines deutschen Fühlens, das alle widerstrebenden Antriebe überflutete. Das war nicht ein Rausch patriotischer Feiertagsstimmung, nicht einmal das verführerische Begleitgefühl einer historischen und politischen Schulung, sondern kam aus einer tieferen Schicht, aus einem letzten Untergrund der Verbundenheit in Blut und Kultur, demgegenüber selbst der deutsche Bildungsphilister und Spießer oder der Schulmeister mit dem preußischen Kasernenhofton nur wie Eintagsfliegen wirkten, die jenem innersten Kern nichts anhaben konnten.

Dazu kam, daß ich um jene Zeit eine Schicht des deutschen Volkes kennenlernte, die mir bis dahin fremd gewesen war und von der meine bürgerliche Umgebung fast nur geringschätzig oder feindselig sprach: den deutschen Arbeiter. Nämlich im Herbst 1886 brach im alten Stadtteil zwischen Johanneum und Holstentor die Pest aus. Hier, wo jetzt das Chile-Haus und andere moderne Bürohäuser stehen, in den Höfen und Gängen zu beiden Seiten der Steinstraße, waren die Wohnungs- und Gesundheitsverhältnisse unmenschlich. Dieses Viertel saß im Weichbild der reichen, üppig lebenden Handelsstadt wie ein Schandfleck. Und gerade damals, aus Anlaß der Seuche, habe ich, zunächst wohl nur aus Neugier, Beobachtungen angestellt und Notizen gemacht. Selbst in London, wo ich Elend und Schmutz kennengelernt hatte, war mir nichts Ähnliches zu Gesicht gekommen. Die Häuser, hohe, schmale, dicht aneinander gerückte Ziegelbauten, stammten zum Teil noch aus dem fünfzehnten und sechzehnten Jahrhundert. Steile Stiegen, auf denen Ratten hin und her huschten, führten in lichtlose Zimmer, die trotz der Sauberkeit der Bewohner nach Feuchtigkeit und Muff rochen. Wasserleitung und Kanalisation fehlten. Ich schlich mich durch die Polizeiabsperrung in einzelne Wohnungen. Die eine, in der ein junger Mann mit Frau und mehreren Kindern lebte, eine einzige dunkle Kammer, hat sich tief in meine Erinnerung eingegraben. Die Tapete war defekt, aber offenbar sorgfältig ausgebessert; doch die Feuchtigkeit drang in dunklen Flecken durch. Der Fußboden war gescheuert, doch das Holz löste sich in Späne auf. Zwei Betten, sauber bezogen, standen nebeneinander, das eine für die Eltern, das andere für die Kinder. Die Frau, eine kräftige, noch junge Person, meinte: «Machen Sie, daß Sie fortkommen, junger Herr; hier bei uns ist die Seuche ... nee, nee, haben Sie keine Sorge, sonst geht es uns ganz gut, wenn nicht das Wasser und die Wanzen wären. Aber unten in den Kellern, die armen Leute, die kommen um vor den Ratten.» Ich wollte ihr ein paar Mark schenken; sie lehnte heftig und empört ab. «Wir sind keine Bettler, mein Mann hat Arbeit, machen Sie, daß Sie fortkommen!» In diesem Augenblick kam der Mann nach Hause; blaß, abgearbeitet, aber sauber. «Was ist hier los? Junger Mann, was wollen Sie bei uns?» Die Frau erklärte. Worauf der Mann mit großer Ruhe sprach: «Wir nehmen keine Almosen. Sie sind noch zu jung, um das zu wissen. August Bebel wird dafür sorgen, daß die Schweineställe aufhören. Nun bitte, verlassen Sie unsere Wohnung!» Vor dem Ernst und der Sicherheit dieses Mannes erschien mir meine Neugierde, erschienen mir selbst unsere schöngeistigen Gespräche verächtlich und sogar Bach und Goethe einen Augenblick als belanglos.

Diese Einsicht in die unüberbrückbare Kluft, die sich zwischen arm und reich auftat, sobald sie sich einander nähern wollten, wurde kurz darauf durch ein Herzenserlebnis noch vertieft. Auch dieses eine indirekte Folge des Pestausbruchs. Denn der Pastor war, als er von meinen Besuchen im Gängeviertel hörte, wohl mit

Recht sehr ärgerlich; er hielt mir eine Strafpredigt, daß ich dort nichts zu suchen habe, und meine Unvorsichtigkeit ihm Haus und Familie gefährde. Ich wurde desinfiziert und vorzeitig in die Ferien nach Paris abgeschoben.

Dort genoß ich bei diesem Aufenthalt eine Art von Studentenfreiheit; ich kam in ein kleines Hotel neben unserem Hause in Quarantäne. Zum erstenmal konnte ich unbehindert und ungefragt ein- und ausgehen. Mit einem plötzlich erwachten Heißhunger besuchte ich die Museen, blieb ganze Tage im Louvre, wanderte in den alten Stadtteilen von Kirche zu Kirche, versenkte mich in die frühgotischen Portalfiguren von Notre-Dame, die mir in ihrer herben Grazie und Erhabenheit ein Gefühl überirdischer innerer Sicherheit gaben. Manchmal bummelte ich auch bloß in den alten Gassen links der Seine oder vor den Buchauslagen an den Seinekais oder gegen Abend in den Arbeiter- und Zuhältervierteln hinter der Bastille.

Eines Tages hatte ich lange vor dem Hauptportal von Notre-Dame gestanden und mich in die Betrachtung des Johannes, des Jüngers mit dem Kelch, verloren; es begann zu dunkeln, ich war im Fortgehen, da kam vom Platz ein junges Mädchen, dessen Gesicht mir im Vorbeigehen durch die Ähnlichkeit mit dem Johannes auffiel. Sie war in Trauer, einfach, aber elegant gekleidet, mit einer Beimischung von Phantasie, die mit der Mode zu spielen schien. Sie war kaum vorbei, da hörte ich hinter mir eine grobe angetrunkene Männerstimme und sah, als ich mich umdrehte, daß jemand sie in einer widerlichen Weise anschrie und bedrängte. Er hatte ihr den Weg versperrt, sie lehnte erschrocken und sehr blaß am Domgitter. Ich eilte zurück, und als der Mann merkte, daß sie Unterstützung bekam, entfernte er sich schimpfend, blieb aber auf der andern Straßenseite stehen. Ich bot ihr an, sie unter diesen Umständen, und da es jetzt schon dunkel war, bis an ihr Haus zu fahren. Sie sagte, eine Droschke sei ganz überflüssig, sie wohne in der Nähe, sie käme ebenso schnell zu Fuß hin. Im Gehen wurde mir ihre Ähnlichkeit mit dem Jünger mit dem Kelch immer fühlbarer: dasselbe liebliche herbe Oval des Gesichts, der gleiche kleine feste Mund, die breite reine Stirn, die die Augen zu beschatten schien. Etwas Strenges und doch noch

Kindliches im Ausdruck des Gesichts. Ich konnte nicht erkennen, ob die Augen tiefblau oder grau waren. Vor dem Hause meinte sie, ob ich nicht einen Augenblick hinaufkommen wolle, damit ihre Mutter mir danken könne. Wir stiegen über eine Arme-Leute-Treppe in den vierten Stock und klingelten. Die Mutter öffnete und schrie sie gleich an: «Was das für Geschichten seien! Kaum sei ihr Vater tot, da bringe sie schon einen jungen Mann mit nach Hause! Sie werde in der Gosse enden. Eine schlechte, eine schlechte Tochter! Du, du, ich müßte dich ohrfeigen!» Sie hob die Hand, schlug aber nicht zu. Das Mädchen rührte sich nicht, heftete auf ihre Mutter nur einen kalten strengen Blick. Plötzlich fing die alte Frau an, laut zu heulen. «Sie wissen gar nicht, Monsieur, was ich von dieser schlechten Tochter zu leiden habe. Mein Mann hat in den letzten Jahren nur noch sie geliebt; mich hat er ganz vernachlässigt. Er hat sich nur von ihr pflegen lassen. Ich konnte vor der Tür stehn und am Schlüsselloch horchen, wie er vor Schmerzen stöhnte; sie aber saß am Bett und streichelte ihm Stirn und Hände. Ich habe meinen Mann geliebt, Monsieur, nur ihn; und kaum ist er drei Wochen tot, sucht sie sich eine andere Liebe.» Sie brach weinend auf einem Stuhl zusammen. Das Mädchen beugte sich über sie und küßte sie auf die Stirn; dann sagte sie: «Sie sehen, ich muß meine Mutter erst vorbereiten. Kommen Sie morgen wieder.»

Ich war verwirrt und ergriffen. Die armselige Wohnung, des Mädchens einfache, aber phantasievolle Eleganz, ihr reines süßes Gesicht, der Blick in eine Familientragödie erschütterten mich. Am nächsten Tage kam ich wieder. Ein Bruder war zugegen. Ein junger, etwa zwanzigjähriger Mensch, der wie ein Arbeiter aussah. Die Mutter kam mir mit einem gezwungenen damenhaften Lächeln entgegen und ging in eine Stube voraus, die sozusagen ein Salon war. «Meine Tochter hat mir erzählt, wie Sie sie gerettet haben. Erlauben Sie mir, daß ich Ihnen meinen Dank abstatte, indem ich Ihnen einen Kuß auf die Stirn drücke. Ja, ja, als ich jung war, hätte mancher für einen solchen Kuß ein Vermögen geopfert! Aber jetzt bin ich alt, und meine Kinder verachten mich. Wenn Sie wissen wollen, wie schön ich war, fragen Sie den Herzog von Grammont-Caderousse ... Ja, der eleganteste Kavalier des

Zweiten Kaiserreichs hat vor mir auf den Knien gelegen; ja, Monsieur, auf den Knien! ... Aber dann kam mein armer Mann, ein kleiner Dragonerrittmeister, ein hübscher Mann, ein anständiger Mann. Wir haben zusammen, bis meine Kinder groß wurden, die glücklichste Ehe geführt. Wir verkehrten in den Tuilerien. Einmal sind wir sogar fast nach Compiègne eingeladen worden, nur die bösartige Intrige einer eifersüchtigen Gräfin hat die Einladung hintertrieben, weil der Kaiser mir einen Blick zugeworfen hatte. Und dann kamen der Krieg und die Republik, die verbrecherische Republik; mein Mann wurde Invalide, und Sie sehen, wo wir jetzt angelangt sind! Aber wir sind noch immer eine anständige Familie.» Sie begann zu schluchzen. Ich stellte mich vor. Worauf sie: «Ich freue mich, daß Sie zur selben Welt gehören wie wir. So kann ich meiner Tochter gestatten, Sie zu sehen. Sie sind noch sehr jung, ... ich will nichts versprechen ... aber vielleicht ließe sich später etwas arrangieren. Doch machen Sie sich nicht allzu große Hoffnungen! Ich erlaube Ihnen nur, uns zu besuchen. Meine Tochter Lisette arbeitet – überdies mehr zum Vergnügen, weil sie sich langweilt –, sie ist daher oft nicht zu Hause. Aber mich werden Sie immer treffen.» Auf dem Kamin stand eine Gipsbüste von Napoleon III., und an der Wand hingen, außer zahlreichen Bildern der Mutter, rechts und links von einer Lithographie der Kaiserin Eugenie zwei ovale Photographien, von denen die eine Grammont-Caderousse, die andere ihren Mann darstellte. Dieser war ein schöner ernster Offizier mit einer unaussprechlichen Melancholie in den Augen. Nachdem sie mir die Büste und die Bilder erklärt hatte, meinte sie unvermittelt: «So, jetzt kann ich gehen und meine Besorgungen machen, Léon – eigentlich heißt er Napoléon, aber in dieser schmutzigen Republik muß man vorsichtig sein – wird hierbleiben und aufpassen.»

Lisette hatte die ganze Zeit geschwiegen und über eine Handarbeit geneigt gesessen. Napoléon blätterte in einer illustrierten Zeitschrift. Als die alte Frau fort war, sagte Lisette: «Bitte, Monsieur, gehen Sie jetzt. Sie haben meine Mutter kennengelernt und ihren Dank empfangen; ich denke, daß wir quitt sind.» Léon äußerte, indem er gähnte: «Auch ich meine, unsere Beziehungen könnten hier enden. Sie gehören zur Welt meiner Mutter, wir zu einer andern. Ich bin Arbeiter, meine Schwester Mannequin bei Worth; ich nehme an, daß Sie keinen Wert auf weitere Bekanntschaft legen. Es ist besser, daß wir korrekt auseinandergehen.» Ich war so verlegen, daß ich wortlos gegangen wäre, wenn nicht das reine und süße Gesicht Lisettes gewesen wäre. So bat ich um die Erlaubnis, sie in den nächsten Tagen nach Feierabend abholen zu dürfen. Sie lachte nervös auf: «Sie sind noch sehr jung! Man wird Sie für meinen Liebhaber halten. Aber mir ist das egal. Ja, kommen Sie!»

Sie kam mit drei anderen hübschen schlanken Mädchen aus dem Hause und gleich auf mich zu, ohne sich von den anderen zu verabschieden. Im Gehen bemerkte ich zwei kleine Linien rechts und links von ihrem Munde, die ich früher übersehen hatte. Um 8 Uhr mußte sie zu Hause sein. Wir hatten eine Stunde Zeit. Wir setzten uns in ein Café gegenüber von der Comédie Française. Sie sagte: «Ich habe Sie noch einmal sehen wollen, weil Sie einen unrichtigen Eindruck von meiner Mutter bekommen haben. Sie ist sehr schön gewesen, aber unglücklich. Mein armer Vater konnte nichts dafür, er war zu gut, um eine glänzende Karriere machen zu können. Wir Kinder sind härter und werden schon durchkommen. Die Welt ist nicht schlecht, aber für Menschen, die gut und weich sind, zu zäh, sie können nicht hineinbeißen.» Ich versuchte, ihr ihre Verlegenheit auszureden. Sie errötete leicht. «Sie glauben, daß ich mich meiner Mutter vor Ihnen schäme. Sie irren, dazu schätze ich die Meinung der Welt zu gering. Aber Sie haben mir geholfen, und ich möchte nicht, daß Ihnen Ihre anständige Handlung durch eine ungerechtfertigte Geringschätzung meiner Mutter entwertet würde. Ich bin auch noch sehr jung, doch etwas älter als Sie, und habe gelernt, wie anders Handlungen aussehen, wenn man den, für den man sie getan hat, nicht mehr achtet.» Ich hatte ein Gefühl, als ob sie sich vor mir entkleidete. Sie war nicht mehr bloß schön, sie rührte mich; ich litt für sie. Ich lachte und schlug vor, unsere Geburtsdaten zu vergleichen, wobei sich herausstellte, daß sie in der Tat anderthalb Jahre älter war als ich, nämlich fast zwanzig. Ich sagte, sie sei aber trotzdem unerfahrener, weil sie fürchte, daß mir irgend etwas unsere Beziehungen entwerten könnte. Ihre Mutter stünde gar nicht in Frage; nur auf sie, Lisette, komme es mir an: Ob wir Freunde seien? Sie solle ja oder nein sagen. Sie antwortete: «Man müßte übereinkommen, was wir darunter verstehen. Daß unsere Beziehung nur flüchtig sein kann, wissen Sie so gut wie ich. Aber damit würde ich mich abfinden; nur will ich nicht, daß sie durch eine Lüge, als ob sie zu etwas Bleibendem führen könnte, ins Ordinäre erniedrigt würde. Übrigens ist, was nachher kommt, immer häßlich!» Was später sein werde, sagte ich, werde sich finden. Nur auf das Jetzt komme es mir an. Ich liebte sie; ob sie mich lieben könnte? Sie sagte, sie wolle mir die Antwort das nächstemal, übermorgen, geben und es so einrichten, daß wir dann länger miteinander reden könnten. Sie stand auf und verbat sich meine Begleitung.

Am übernächsten Tage holte ich sie wieder in der Rue de la Paix ab. Sie hatte zu ihrer Mutter gesagt, daß sie zu einer Freundin zu Besuch gehe und vielleicht erst sehr spät nach Hause käme. Wir gingen in ein kleines Restaurant am Marché St. Honoré. Sie hatte noch nie Champagner getrunken und nippte daran wie an etwas Exotischem und Kostbarem; sie hat den ganzen Abend mit ihren Schlückchen nicht mehr als ein Glas geleert. Sie wiederholte, daß eine dauernde Verbindung zwischen uns unmöglich sei, schon weil sie nie aus Paris fortgehen und ihre Mutter verlassen würde. Aber wir könnten alles ausschöpfen, was wir uns zu geben hätten, und nachher, in einer Erinnerung daran, die nichts Späteres getrübt habe, Kraft zum Weiterleben finden. Ich hätte neulich eine Frage an sie gestellt; sie antworte mit Ja! – – Ich war außer mir vor Glück und küßte ihre Hände. Dann lachten wir über ihren Appetit. Sie schien jedes Gericht wie ein einmaliges Kunstwerk zu genießen. Sie erzählte komische Geschichten von Mannequins, ich Boccacciohaftes vom «Maat». Wir lachten ununterbrochen. Dann fragte ich, wohin wir nachher gingen? Sie antwortete sehr ernst, das solle ich bestimmen. Der Klang ihrer Stimme, der sonst weich und tief war, wurde in diesem Augenblick kalt und fast rauh. Ich führte sie in ein kleines Hotel, wo wir uns unter irgendeinem Namen einschrieben.

Wir waren beide ganz unerfahren. Ich küßte sie; ihr Atem kam mir vor wie ein Hauch frischer Veilchen. Wir lagen die Nacht wie die Kinder nebeneinander. Erst in der Dämmerung, als der Tag eindrang, umarmten wir uns unter wirren Abschiedsworten, weil wir auf Stunden auseinander mußten. Ich mietete für uns ein Zimmer. Sie hatte ihrer Mutter eine Geschäftsreise vorgetäuscht, im Geschäft eine leichte Erkrankung. Am Tage begleitete sie mich in Museen oder auf Spaziergängen; nachts waren wir immer zusammen. Wenn sich unsere Hände berührten, fühlte ich, wie Funken hin und her sprühten. Ihre Haut schien in der Nacht Licht auszustrahlen. Sie sagte: «Wir können uns nie zu sehr lieben, weil es kurz sein wird. Wir müssen den Schmerz der Trennung in unsere Umarmungen hereinnehmen, damit er uns vertraut wird.»

Wir lasen zusammen «Bérénice» und «Phèdre», deren hemmungslose, von einer nahen Katastrophe überschattete Leidenschaft uns der unseren ähnlich schien. Dann lachten wir wieder stundenlang über Erzählungen aus dem Kloster, in dem sie erzogen war. Sie hatte eine scharfe Beobachtungsgabe und einen Sinn für Komik, der nicht ohne Bosheit war; vor allem viel gesunden Menschenverstand, der sich wunderbar mit ihrer Romantik vertrug. Sie schien und war auch wirklich mir gegenüber ganz offen; diese Offenheit war vielleicht überhaupt ihr größter Charme. Und doch blieb irgend etwas in ihr für mich unenträtselbar.

Sie legte an alles den Maßstab unserer Liebe. Einmal, nur einmal, gingen wir in den Moulin Rouge, der damals gerade anfing, eine Attraktion zu werden. Wir sahen die meisten der Tänzerinnen und Tänzer, die Toulouse-Lautrec unsterblich gemacht hat; Nini-patte-en-l'air, Grille d'Egout, die unverschämte, schlagfertige Goulue, die reizende Jane Avril, Valentin le Désossé, der den Cancan wie ein Schlangenmensch tanzte: Wirbel über Wirbel weißer Spitzenunterröcke und schwarzer Strümpfe, zwischen denen, unter denen Valentin im Frack mit rotem Halstuch hin und her schoß. Lisette blieb eiskalt. Ich fragte, was sie bedrücke? Sie sagte: «Diese Unglücklichen kennen die Liebe nicht.» Und als ich lachte, fügte sie hinzu: «Du hast sie im Augenblick auch vergessen, sonst könntest du über ihre Karikatur nicht lachen.»

In der ersten Januarhälfte mußte ich nach Hamburg zurück. In der letzten Nacht sagte sie: «Unsere Trennung jetzt muß endgültig sein. Sonst kommt das Häßliche. Wir sehen uns heute zum letzenmal; wir werden uns auch nicht schreiben. Wozu? Was könnten wir uns sagen, was unsere Küsse nicht viel besser und reiner schon tausendmal gesagt haben? Ich werde wahrscheinlich heiraten; meine Mutter wird es wünschen. Aber nie werde ich wieder lieben.» Alles Bitten und Flehen nützte nichts. Sie hat mich auch später nie wieder empfangen oder gesprochen. Einmal sah ich sie auf der Straße. Sie legte nur den Finger auf den Mund und ging vorbei. Ich hörte, daß ihre Mutter sie mit einem reichen Geschäftsmann verheiratet habe; dann mehrere Jahre nichts. Aber eines Tages bekam ich von ihr einen Brief: «Lieber, Lieber, ich muß sterben. Ich habe das Glück gekannt. Vielleicht auf Wiedersehen, irgendwo, Lisette.»[1] Sie war im Kindbett gestorben.

Die Pest war in Hamburg erloschen, aber die Zustände, die ihr den Weg bereitet haben, blieben; die Pestgassen wurden erst nach der Cholera 1892 abgerissen. Ich strich von neuem durch die Elendsviertel. Der «Maat» nahm mich mit nach St. Pauli. Wir saßen in diesem Niemandsland zwischen Hamburg und Preußen mit Matrosen, Schiffsjungen, Dirnen und Werftarbeitern, mit Chinesen, Indern, Mulatten zusammen. Alle Rassen und Farben mischten sich. Die Dirnen interessierten mich nicht, um so mehr die Arbeiter, sie schienen so verschieden von den französischen, mit denen mich Lisettes Bruder zusammengebracht hatte. Diese, meistens Arbeiter der im Stadtviertel St. Antoine heimischen Möbelindustrie, waren in ihrer Mehrzahl Anarchisten. Sie trafen sich in einem kleinen Café hinter der Bastille, in der verrufenen Gegend der Rue de Lappe, von wo am 14. Juli 1789 schon die erste große welterschütternde Revolution ausgegangen war; worauf sie für ihren Stadtteil nicht wenig stolz waren. Ihr Vorsitzender war ein alter Holzarbeiter, der Anarchist und Anhänger von Blanqui war und wütend wurde, wenn der Name Marx fiel. Man nannte ihn «le père Bubuche». Er hatte 1851, so behauptete er, beim Staatsstreich Napoleons Schulter an Schulter

[1] «Cher, cher, je vais mourir. J'ai connu le bonheur. Peut-être à revoir quelquepart, Lisette.»

mit dem Abgeordneten Baudin auf der Barrikade gestanden, als diesen die tödliche Kugel traf, und gehört, wie der Sterbende, auf seine Abgeordnetendiäten anspielend, ausrief: «Seht, Genossen, so stirbt man für fünfundzwanzig Franken!» «Es war so schön wie Plutarch!» setzte Bubuche hinzu. Damals als junger Arbeiter auf der Barrikade, eine Trikolore schwingend, muß er ausgesehen haben wie Victor Hugos unsterblicher Pariser Straßenjunge Gavroche oder wie der stürmende Jüngling mit der Fahne auf dem «1848» von Delacroix. Jetzt glich sein Äußeres dem von Manets «Père la Thuille», dasselbe Sammetkäppchen, der Vollbart, die kurze Pfeife, an der er paffte, wenn er nicht gerade redete. Seine Sprache war saftig und stark pariserisch gewürzt, eine Art von Apachen-Rotwelsch, obwohl er auch ein reines Französisch beherrschte und Tiraden von Victor Hugo deklamierte. Er redete glänzend und so wirkungsvoll, daß er nicht nur seine Zuhörer, sondern auch jedesmal sich selbst zu Tränen rührte. Nicht zu widerlegende Gemeinplätze, blendende Vergleiche, erschütternde Herzenstöne brachen aus seinem Munde wie aus einem Vulkan hervor. Sein Leitsatz war: der Mensch sei gut, nur der Zwang mache ihn schlecht. Daher: Weder Gott noch Herr, Abschaffung des Staates, der Religion, der Ehe, des Finanzkapitals, freie Liebe, Verteilung von Arbeit und Arbeitsertrag nach Billigkeit auf Grund allgemeiner Brüderlichkeit. Er sah die ganze Welt wie ein großes Paris; denn er kannte außer seinem Stadtviertel und seiner Werkstatt aus eigener Anschauung nichts und stellte sich alle Menschen außerhalb von Paris wie bloß ein wenig zurückgebliebene Pariser vor. Um seine Ziele zu verwirklichen, glaubte er ausschließlich an die «action individuelle», den freiwilligen Terrorakt des einzelnen, und bezeichnete den organisierten Klassenkampf, wie ihn die Sozialisten predigten, als großen Schwindel, hinter dem die Bourgeoisie stecke, die auf diesem Umwege der revolutionären Arbeiterschaft wieder Zügel anlegen wolle. Die anderen Mitglieder des Zirkels waren jung. Die meisten kamen vom Militär, schimpften auf die Armee, haßten die Disziplin. Die Auflehnung gegen jeden Zwang, die sie mit Bubuche verband, steckte ihnen im Blute; doch waren sie ebenso wie er bereit, für ihre Ideen ihr Leben einzusetzen.

Wie anders die Hamburger Arbeiter! Sie hatten wenig Interesse für Ideen, um so mehr für Organisation. Sie setzten ihre Hoffnungen nicht auf einzelne, sondern auf organisierte Massen. Der Glaube, ja die Freude an der Disziplin steckte ihnen, wie den Franzosen das Gegenteil, im Blut. Die Welt, die verschiedenen Länder, Menschenarten, Klassen sahen sie nicht idealisiert, sondern wie sie sind. Viele waren zur See gefahren. Krischan, ein alter Werftarbeiter, der gelegentlich «Maats» Boot reparierte und, wenn dieses auf der Alster war, uns in seinem eigenen Boot auf der Elbe fuhr, hatte mindestens ein dutzendmal Kap Horn umsegelt. Seine Erlebnisse und gesammelten Erfahrungen konnte er stundenlang in Hamburger Platt vortragen. Was für Bubuche sein Stadtviertel, war für ihn das Meer mit seinen Welthäfen. Ein düsterer Schatten lag in seiner Phantasie auf Peru. Er hatte dort in Arequipa «aus Versehen», das heißt aus Betrunkenheit, in einem Spielsaal seine Braut gesetzt und verloren, an einen Peruaner, «en lütten zworzen Kerl», und haßte seitdem die Peruaner. «Die Kanaillen, die moedt man jo ooll wie die Krammetsvögel oopspeeten» (die müßte man ja alle wie die Krammetsvögel aufspießen). Trotzdem war er Sozialdemokrat und als solcher für den Zusammenschluß der Proletarier aller Länder; worauf wir ihn hinwiesen, wenn er auf die Peruaner schimpfte. Er erwiderte, das Kroppzeug dort «sin ooll Schimpansen», die Brüderlichkeit gelte man bloß unter Menschen, und schließlich seien deutsche Arbeiter und Hamburger Mädchen doch «ganz was anderes». Er hatte daher nach Verlust der überseeischen Braut eine «brave Deern» aus Vierlanden geheiratet und sieben Kinder mit ihr gezeugt, darunter vier stramme Jungen, Arbeiter, die bereits, worauf er besonders stolz war, organisiert waren. «Ordnung moedt jo sin.» Dabei war er im Herzen weich und spielte abends auf dem Wasser, wenn der Mond schien, Ziehharmonika. Seine Söhne und überhaupt die jungen Arbeiter waren fast alle mehr oder weniger von dieser Gemütsart und nach diesem Muster geschnitten; etwas weich, ohne starken Drang, selbst zu handeln oder sich hervorzutun, aber infolge des Sozialistengesetzes und der Polizeischikanen geschlossen hinter ihren Führern gegen das herrschende System in Front.

Das System war Bismarck. Im Mittelpunkt nicht nur Deutschlands, sondern auch Europas stand, wie ein Koloß, Er. Ich sah ihn in diesen Jahren ein paarmal in Friedrichsruh. Das Haus war – wie einem Brief der Gräfin Marie an meine Mutter zu entnehmen ist – von ihr und der Fürstin nach ihrem Geschmack eingerichtet: gemütlich, aber einfach, nach der Art eines märkischen Landhauses –, ohne Luxus oder Anspruch auf künstlerische Schönheit. Das einzige, das ungewöhnlich war und auffiel, war die Tiefe und Breite der Sessel, Sofas, Betten, die für die Bequemlichkeit eines Riesen berechnet waren. Die Bismarcks führten hier das Leben gutsituierter Junker. Der Fürst lebte nicht anders wie vor fünfzig Jahren als Deichhauptmann in Schönhausen; war ganz die Verwaltung selber führender Gutsherr, ging – immer von zwei großen schwarzen Doggen, den sogenannten «Reichshunden», begleitet – auf die Felder und in seinen Forst, sprach mit den Gutsarbeitern, Pächtern, erörterte mit ihnen Landarbeiten, Ernteaussichten, Baumschlag, Preise. Hier holte er sich seine Maßstäbe; hier lag der Schlüssel zu seiner Weltanschauung. Wenn man diese Umwelt kannte, in der er so tief verwurzelt war, erschien später seine ironische Ablehnung des Titels *«Herzog»* von Lauenburg selbstverständlich; er ließ sich nicht verpflanzen, er war ein großer Junker, kein Standesherr, gerade umgekehrt wie Wilhelm II., der nichts vom Junker, aber vom deutschen Standesherrn viel hatte. Da ich in der Familie von Bismarcks Oberförster Lange verkehrte, dessen Sohn mein Mitschüler war, bekam ich fortlaufend Äußerungen von ihm und kleine Vorgänge um ihn zu hören; ich lebte sozusagen in der Bismarckschen Hausatmosphäre. In ihr spielte die Genauigkeit des Fürsten in allem Rechnerischen eine Hauptrolle, und von Zeit zu Zeit ein Konflikt mit dem Fiskus wegen meistens unbedeutender Beträge.

Einmal sah ich ihn bei einer historischen Gelegenheit, beim Besuch des Prinzen Wilhelm, des künftigen Thronfolgers, im September 1887 in Friedrichsruh. Ich hatte durch Lange mit Genehmigung des Fürsten Zutritt zum abgesperrten Bahnhof bekommen und konnte dem Empfang des Prinzen durch den Fürsten aus nächster Nähe beiwohnen. Der Prinz sprang übersprudelnd lebhaft, siegesgewiß und jugendlich aus dem Zuge, während der Fürst sich etwas mühsam mit steifem Kreuz vor ihm verneigte; dabei sah man seinen Kopf von der Seite, ein Profil wie mit der Axt gehauen, Stirn und Nase schwer und geradlinig wie bei einem antiken Helm, darunter, halb verdeckt durch den buschigen weißen Schnurrbart, ein feiner zarter Mund, der zum übrigen in einem Gegensatz stand wie die Seele zu einer Maske. Es folgte der Prolog oder schon die erste Szene des Dramas, das die nächsten Jahre abrollte: der bewegliche, zum Sturmangriff auf den berühmten alten Mann ansetzende junge Prinz, und jener vorsichtig und langsam ausweichend mit seinen altmodischen höfischen Manieren, hinter denen so viel Dynamit steckte.

Dieses doppelte Gesicht gab nicht bloß seiner Erscheinung, sondern auch seiner Politik – so gegen Österreich, gegen Napoleon, gegen Rom, gegen Harry Arnim – ihren besonderen Charakter: den Wechsel, das überraschende Hin und Her zwischen steinerner Härte, die bis zur berechneten Brutalität ging, und bestrickender Werbung, bis zur raffiniertesten Schmeichelei und zu verstecktesten Wegen der Einflüsterung. Es war, als ob der derbe und nach Bedarf grobe märkische Bauer und der feine listenreiche Günstling absolutistischer Höfe ihm ihre Waffen zu gleich meisterhafter Handhabung vermacht hätten. Er war selber weder Bauer noch Höfling, sondern im Innersten ein aufrechter Landedelmann von unantastbarer Gesinnung und tadelloser Kinderstube. Um so verblüffender und verheerender wirkten in seinen Händen jene Waffen. Und noch mehr seine Virtuosität, mit der er sie im Augenblick, wo es am wenigsten erwartet wurde, vertauschte.

Allerdings wäre diese Virtuosität wirkungslos und auf die Dauer ihm, wie später seinen Epigonen, gefährlich geworden, wenn dahinter nicht eine echte staatsmännische Begabung wirksam gewesen wäre, der sie bloß als Instrument diente –, eine Legierung von Temperament, Phantasie und gesundem Menschenverstand von solcher Festigkeit, daß nur selten von diesen Elementen eines allein seine Pläne und Entschlüsse bestimmte. In der Verbindung dieser seltenen Gabe, die den großen Politiker macht und sozusagen das Muttergestein politischer Weisheit ist, mit jener Virtuosität, dank der er gleich meisterhaft auf beiden

Klaviaturen, der der Umgarnung und der der Gewalt, spielte, bestand sein Geheimnis und Genie.

Eine so einzigartige Kombination konnte keine Schule machen, nicht Tradition und Schema werden wie die Politik der Königin Elisabeth oder Richelieus. Keineswegs, weil sie unmoralischer war als die politischen Systeme Englands oder Frankreichs, die auch nicht bloß mit reinen Händen arbeiteten, sondern weil sie zu eng an die komplizierte und einmalige Persönlichkeit Bismarcks gebunden war. Seine Staatsführung mußte sogar *falsche* Schule machen: seine Virtuosität im Wechsel zwischen Gewalt und Werbung schien so leicht nachzumachen, seine Weisheit aber lernte sich so schwer! Und zwischen beiden die Verbindung hätte nur ein Mann von seinem Format fortsetzen können. Seinen Nachfolgern ging es daher wie Goethes Zauberlehrling; sie hatten den Besen des alten Hexenmeisters, aber nicht seinen Zauberspruch:

Hat der alte Hexenmeister
Sich doch einmal wegbegeben!
Und nun sollen seine Geister
Auch nach meinem Willen leben.
Seine Wort' und Werke
Merkt' ich und den Brauch,
Und mit Geistesstärke
Tu' ich Wunder auch.

Auch für keinen unter uns Jungen war es zweifelhaft, daß nur Bismarck unser Lehrmeister in der Politik sein könne. Neben ihm war niemand – weder unter seinen Mitarbeitern noch unter seinen Gegnern – von ähnlichem Format und menschlichem Zauber. Daher wuchs unsere ganze Generation, mindestens die bürgerlicher junger Deutscher, ohne wirkliche politische Schulung auf; wir starrten nur auf Bismarck, dessen Kunst, und erst recht dessen Persönlichkeit, in unerreichbarer Höhe über uns schwebte.

Allerdings war diese restlose Zustimmung bei mir eingeschränkt auf seine Außenpolitik, während sich in mir gegen seine Innenpolitik eine Wendung vollzog, durch die ich in immer schärferen

Gegensatz zu ihr kam. Ich erkannte noch nicht, vielleicht erkannten damals erst wenige, daß Innen- und Außenpolitik organisch zusammenhängen und nicht zu trennen sind. Ich versuchte in den Jahren 1886 bis 1888 mehrfach, mir über meine Zweifel in schriftlichen Aufzeichnungen Rechenschaft abzulegen. Vieles ist darin noch verschwommen und unreif; aber einige Punkte heben sich fest heraus. Der eine ist mein Widerwille gegen seine Polenpolitik. Ich empfand den Zwang, der gegen die Polen ausgeübt wurde, ihre Muttersprache aufzugeben, nicht bloß als Unrecht, sondern auch als von vornherein zum Mißerfolg verurteilt. Dieses folgerte ich nicht allein aus seinen enttäuschenden Ergebnissen, sondern auch aus den Schicksalen der englischen Zwangspolitik in Irland, mit denen ich infolge meiner Verwandtschaft mit beiden Seiten dort intim vertraut war. Was England in dreihundert Jahren trotz Essex und Cromwell und Wilhelm von Oranien nicht erreicht hatte, konnte Preußen unter noch ungünstigeren Bedingungen in Posen nie durchsetzen. Allerdings stellte ich nicht in Rechnung, daß die Unterdrückung der Polen für Bismarck ein Mittel seiner Außenpolitik war, in erster Linie ein Pfand, das er Rußland gab!

Noch weniger der politischen Vernunft und der Staatsräson angepaßt schien mir das Sozialistengesetz. Meine Unterhaltungen mit Arbeitern zeigten mir, daß es den Riß zwischen ihnen und dem Neuen Reich Tag für Tag vertiefte, sie erbitterte, ihre umstürzlerische Gesinnung förderte, ohne ihnen einen Weg zurück in den Bismarckschen Staat aufzuzeigen. Dabei waren sie, wie ich in St. Pauli und auf den Segelfahrten mit Krischan und seinen Söhnen erkennen mußte, nicht weniger erdverbunden, heimatliebend, echt deutsch als die konservative oder liberale Bourgeoisie. Die Stimmung wurde daher in diesen letzten Jahren des Bismarckschen Regimes in der Arbeiterschaft immer revolutionärer. Im März 1886 notierte ich: «Es besteht eine *fair chance*, daß es in kurzem zu einer sozialen Revolution kommt. Wenn nicht bald etwas für den Arbeiter geschieht, werden wir eines Morgens unter den Trümmern der heutigen sozialen Ordnung aufwachen.» Ich vergaß nicht, daß in Wirklichkeit «etwas», ja sogar recht viel geschah: die Legung der Fundamente einer

Sozialgesetzgebung, die neben der Reichsgründung Bismarcks größtes bleibendes Verdienst ist. Aber nirgends wirkte sich das Hin und Her zwischen Zuckerbrot und Peitsche unglücklicher aus als gerade hier. Die Polizeischikanen, Entlassungen, Ausweisungen und sonstigen Verfolgungen auf Grund des Sozialistengesetzes, die die Arbeiter in der Gegenwart am eigenen Leibe erlebten, verdeckten ihnen die für eine ferne Zukunft versprochenen, erst im Schattenriß sichtbaren Vorteile des geplanten sozialen Neubaues. Politisch blieb daher Bismarcks Sozialgesetzgebung fast wirkungslos.

Ich hatte als achtzehnjähriger Primaner keine Politik zu machen und war mir dessen in aller Bescheidenheit bewußt. Aber ich konnte nicht umhin, zu sehen, was war. So geriet ich immer tiefer in einen schmerzlichen inneren Konflikt. Nach der einen Seite zog mich unwiderstehlich Bismarck als Mensch: sein Format, seine Sprache, das Deutsch seiner Briefe, seiner Reden, seine Rembrandtsche Erscheinung. Das alles wirkte auf mich wie Musik! Und doch fühlte ich, ohne daß ich mich dem Zauber entziehen konnte, immer deutlicher, daß der glänzend orchestrierten und gespielten Komposition etwas fehlte: ein durchgehendes Motiv, das ihren Variationen einen über den Tag hinausweisenden Sinn gegeben hätte. Ein großes Ziel positiver Art tauchte nach der Reichsgründung nirgends auf; alles war nur noch negativ, selbst die soziale Gesetzgebung nach Bismarcks Auffassung hauptsächlich eine Abwehr.

Aber gab es denn in der Politik feste Ziele oder wie beim Kartenspiel nur geschickt ausgenutzte Gelegenheiten und danach wechselnden Gewinn und Verlust? Bestand nicht die Überlegenheit des «Realpolitikers» vielleicht gerade in seinem Verzicht auf feste Ziele? Ich gestehe, daß ich eine Zeitlang versuchte, eine zynische Verachtung für «doktrinäre Politik» aufzubringen, und mir sehr überlegen und bismärckisch dabei vorkam; bis ich eines Tages merkte, daß ich jedes Interesse an Politik verlor und, wenn sie nur ein Glücksspiel sein sollte, besser täte, nicht Diplomat zu werden, sondern einen weniger unsoliden Beruf zu ergreifen. Ich bemerke das, weil ich glaube, daß viele, die bei Bismarck anfingen und seine «Realpolitik» so wie ich damals auffaßten, eben deshalb «unpolitisch» wurden und sich ganz dem Gelderwerb oder irgendeinem Spezialistentum hingaben. Ich brauchte notwendig eine Antwort auf die Frage nach Sinn und Zweck der Politik. Ich stürzte mich auf politische und historische Literatur, Mommsen und Gibbon, Treitschke und Taine, Montesquieu, Rousseau, Ranke. Es erscheint mir heute bezeichnend, daß auf dieser Liste Karl Marx und Ferdinand Lassalle fehlten; in meiner bürgerlichen Welt galten sie als Hetzer, und ihre Schlagworte, die die Arbeiter zitierten, bestärkten mich in meiner Meinung, daß sie nicht des Studiums wert seien. So kam es, daß ich die sozialistische Gesellschaftsordnung als Ziel und den Klassenkampf als Methode nicht einmal in Erwägung zog. Schließlich fand ich die Antwort, die ich suchte, bei den Griechen. Die Spannung dieser Jahre des Bismarckschen Alterns und Niederganges machte auch die alte Geschichte aktuell und durchsichtig. So erschienen mir vor allem Thucydides und Platon in einem neuen Lichte. Für sie war Politik kein leeres Spiel, sondern die Kunst, für einen Menschen bestimmter Art und Kultur, für den «Griechen», den Boden zu schaffen und zu sichern. Der griechische Mensch, der «schöne und edle», als Fundament der «Polis», des griechischen Staates, und umgekehrt dieser Staat als Boden, Lebensraum, Zuchtanstalt und Sicherung für diesen Menschen, das waren die Vorstellungen, die wenigstens die Theorie, aber auch in weitem Umfang die Praxis der griechischen Staatsführung beherrschten und ihr, jenseits aller Tagesfragen und wilden Machtkämpfe, einen festen Kern und ein unverrückbares Ziel gaben. Das war das Neue, das die Politik der griechischen Staaten vor aller früheren auszeichnete, daß sie ihre Macht für einen bloßen Menschen – den Achäer, Ionier, Lakedämonier, Athener – einsetzte, statt für einen Herrscher oder Gott; und das Entscheidende, durch das sich Griechenland endgültig aus Asien löste, daß sie dieses Ziel, den «Griechen», zu einem Idealtyp fortbildeten, der im Rahmen der heimischen Sitte und Sittlichkeit Göttern und Tyrannen trotzen durfte. Jeder große griechische Politiker oder Denker von Lykurg und Solon bis Perikles und Platon hätte zum griechischen Gott sprechen können wie Goethes Prometheus:

Hier sitz' ich, forme Menschen
Nach meinem Bilde,
Ein Geschlecht, das mir gleich sei:
Zu leiden, zu weinen,
Zu genießen und zu freuen sich –
Und dein nicht zu achten,
Wie ich!

Mit diesem Ideal des an Seele und Körper aufrechten und freien Griechen kontrastierte als eine allen guten griechischen Geistern verhaßte Mißgeburt sein Gegenteil: der Sklave, der Geduckte und Verprügelte, der Verbogene und Häßliche, der asiatische «Barbar», den nicht sein Mangel an Kultur schändete (seine Kultur als eine der griechischen zum Teil sogar überlegene schätzte der Grieche), sondern seine Unterwürfigkeit, sein Schweifwedeln, das «Hündische» seiner Seele.

Dieser Gegensatz des Freien zum Barbaren und die Sicherung eines Lebensraumes für den Freien bestimmten alle entscheidenden Ereignisse der griechischen Geschichte: die Tyrannenmorde, die Freiheitskriege, Marathon, die Thermopylen, Salamis, den Aufstieg der griechischen Demokratie, die Geburt Europas als Gegenwelt zu Asien.

Und die gleiche Rolle spielten der Civis Romanus und seine Erhaltung als freier, republikanischer Bürger in der römischen Politik und Geschichte, angefangen von der Vertreibung der etruskischen Tyrannen über die Kämpfe der Plebejer gegen die Patrizier um Gleichberechtigung bis zur Ermordung Cäsars und bis zur «Germania» des Tacitus, der den zu Untertanen herabgesunkenen Römern der Kaiserzeit die stolzen und freien Germanen vorhielt. – Schließlich, je mehr man sich mit diesen bestimmenden Ideen der griechischen und römischen Politik vertraut machte, um so deutlicher zeigte sich ihre Ähnlichkeit mit denen, die die englische Geschichte gestaltet hatten, von der Magna Charta über die Auflehnung gegen das Papsttum und die Vernichtung der spanischen Armada, über Cromwell und die Habeaskorpusakte, die die Freiheit des Bürgers gegen Übergriffe des Staates sicherte, bis zu den großen Verfassungskämpfen des achtzehnten und neunzehnten Jahrhunderts. Nebenbei zeigte sich, was die große, zielbewußte Politik Englands der klassischen Tradition und der humanistischen Bildung ihrer Leiter und Organe verdankte; nur daß an die Stelle des «schönen und edlen» Hellenen und des stolzen Römers der englische Gentleman, der ihnen an Gestalt und Ideen so nah verwandte, getreten war.

Theoretisch widersprach nichts in dieser großen Politik der griechischen Staaten, Roms und Englands den Grundsätzen des modernen Nationalismus, den Bismarck am glänzendsten und erfolgreichsten vertrat. Wie kam es dann, daß die Wirklichkeit seiner Politik in wesentlichen Punkten so ganz anders aussah? Denn nicht bloß Polen und Sozialisten wurden verfolgt. Einer unserer Nachbarn und Bekannten war ein Professor Geffcken, ein früherer hanseatischer Diplomat, der Gesandter in London gewesen und dort mit Kaiser und Kaiserin Friedrich in Beziehungen getreten war und darüber hinaus noch zu seinem Unglück liberale Anschauungen eingesogen hatte. Bald nach dem Tode des Kaisers Friedrich erschienen in der «Deutschen Rundschau» Auszüge aus dessen Tagebuch; der Herausgeber war nicht genannt. Bismarck ließ Nachforschungen anstellen, die Geffcken als Urheber ermittelten. Es kam ein Haftbefehl, Geffcken floh, und obwohl festgestellt wurde, daß der Kaiser Friedrich ihm die Veröffentlichung aufgetragen hatte, wurde ein Strafverfahren gegen ihn eingeleitet. Wir erlebten das als Nachbarn aus nächster Nähe. Auch sonst wurde alles, was liberaler Anschauung verdächtig war oder jüngst mit dem Hofe des Kaisers Friedrich in Verbindung gestanden hatte, kaum weniger rücksichtslos verfolgt als die Sozialdemokratie. Nur die Druckmittel waren andere, aber darum nicht weniger wirksam; denn das Resultat, die Erschwerung oder Vernichtung der materiellen Existenz, war das gleiche. Die Opfer wurden, wenn sie Beamte oder Offiziere waren, nicht befördert oder verabschiedet. Ihre Söhne hatten es schwer, in einem guten Regiment oder Korps anzukommen. Ihre Töchter fanden keine Tänzer und keinen Mann. Denn zu den staatlichen Druckmitteln kam die gesellschaftliche Feme. Mir sagte eine ältere Hamburger Kaufmannsfrau, vor der ich die Kaiserin Friedrich – «Frau Lehmann» nannte sie sie – gegen ungeheuerliche Verleumdungen in Schutz nahm, spitz: «So, so, dann stehen Sie auf Seiten der Landesverräter!» und unterließ es, mir zu ihrem nächsten Gartenfest eine Einladung zu schicken. Ihre Tochter meinte bei der nächsten Gelegenheit: «Verzeihen Sie! Aber Mama ist wie toll!» Daß Bismarck einen Gewaltstreich plante und bereit war, den Bau, den er errichtet hatte, wie der blinde Riese Simson die Säulen des Philistertempels, umzureißen, das Reich wenigstens vorübergehend wieder aufzulösen, wußte damals niemand; aber seit den Septennatswahlen im Frühjahr 1887, die die politischen Gegensätze auf die Spitze trieben, und namentlich seit der Krankheit und dem Tod des Kaisers Friedrich war das deutsche Volk in zwei Hälften gespalten, zwischen denen ein latenter Bürgerkrieg wütete, dem die Brandmarkung der Opposition als «Reichsfeinde» die Note gab und in dem die Regierung und die zu Bismarck haltende Mehrheit mit Erfolg bemüht waren, denen, die anders dachten, das Rückgrat zu brechen.

Den Bruderkampf empfand unser jugendlicher Idealismus als tragisch, aber bei der Natur Bismarcks und der des deutschen Volkes wie ein Schicksal, dem wahrscheinlich nicht zu entrinnen gewesen wäre – als den schweren Preis der Bismarckschen Reichsgründung. Weniger gefaßt ertrugen wir das allmähliche Verschwinden aufrechter Charaktere. Immer wiederkehrende tägliche Erfahrungen zeigten uns, daß nicht nur in der Politik, sondern überall charakterfeste Menschen in denjenigen Teilen des deutschen Volkes, welche unter Bismarck aufgewachsen waren, seltener waren als in der älteren Generation, die sich in der vorbismarckschen Zeit, den vierziger oder fünfziger Jahren, entwikkelt hatte. Unter uns Schülern war das ein laufendes Gesprächsthema. Wir nannten gewisse Eltern und Lehrer nach einem damals für bestochene Journalisten geltenden Ausdruck «Reptilien». Eine seltsame Molluskenhaftigkeit, eine schleimige und rückgratlose Art, breitete sich wie eine ansteckende Krankheit bis weit in die Reihen der Opposition aus. Alle hatten eine «Weltanschauung», nur wenige Charakter. Was in unserem Schülerverein zu einer hitzigen Kontroverse führte: ob der Deutsche als ein nimmersatter Wahrheitssucher, als ewiger Wolkenwandler und

Metaphysiker, als faustisches, von anderen Menschen unterschiedenes Wesen Charakter durch Weltanschauung ersetzen könne? Wogegen ich radikal für die entgegengesetzte Behauptung eintrat, daß Charakter und Weltanschauung eins seien, nur verschiedene Erscheinungsformen einer und derselben Anlage, und ein charakterloser Mensch deshalb eine Weltanschauung überhaupt nicht haben könne.

Doch wie kam es, daß in Deutschland, der Heimat Schillers, Kants, Fichtes, Charakterlosigkeit gezüchtet wurde? Woran lag es, daß das Ziel des deutschen Idealismus – der im Rahmen seiner heimischen Sitte und Sittlichkeit freie und aufrechte Mensch –, das Ziel, um das die deutsche Jugend gegen Napoleon in den Kampf gezogen war, vergessen, wie verschüttet und vergraben schien? Gewiß: die deutschen Klassiker hatten es nicht als Ausdruck der natürlichen Tendenz des deutschen Volkes ihrer Zeit aufgestellt, sondern im Gegensatz zu dieser Tendenz als Gegengift gegen die Bedientenhaftigkeit, zu der den Deutschen seine Fürsten erzogen hatten. Aber dann hatte sich dieses Ideal doch durchgesetzt und das ganze deutsche Volk hinter sich hergezogen in den Befreiungskrieg und den Kampf für die deutsche Einheit. Was oder wer hatte diesen Prozeß des Wachstums eines freien Deutschen unterbrochen und zum großen Teil wieder rückgängig gemacht? Ich fand keine andere Antwort als: Bismarck.

Vor Jahren hatte jemand zu meinem Vater in meiner Gegenwart gesagt: Bismarck verbinde die Hellhörigkeit eines Hasen mit der Pranke eines Löwen. In der Nacht darauf sah ich im Traume ein unheimliches ungeheures apokalyptisches Wesen, das halb Hase, halb Löwe war. Es hatte einen gewaltigen Löwenkopf, mit wie Antennen beweglichen Hasenohren, und hinten Hasenläufe, aber vorne riesige Krallen wie Schwerter. Es bewegte sich manchmal schwer und bedächtig wie ein mächtiges Raubtier, manchmal aber auf seinen Hinterläufen mit der Schnelligkeit des Windes. Die Verbindung äußerster Hellhörigkeit, stets wachen und sprungbereiten Mißtrauens mit dämonischem Machtwillen trieb Bismarck, jede Gegnerschaft bis in die Herzen und Gewissen zu verfolgen. Und die Wucht dieser Verfolgung wuchs noch durch sein Bedürfnis, zu hassen. Denn der Haß war für ihn ein Genuß. «Ich habe die ganze Nacht gehaßt», sagte er tief befriedigt. Jeder, der nicht auf seiner Seite stand, mußte anrüchig, ein Verbrecher und Verräter sein, um seinen Haß zu rechtfertigen. Das Gefährlichste war, daß infolge der Suggestionskraft seiner Person Hunderttausende von kleinen Bismarcks herumliefen, die bemüht waren, zu hassen wie er, und jeden politisch beschnüffelten, ob er sich als Objekt für diese ihre Leidenschaft eigne. So entstand eine allgegenwärtige Inquisition und schuf über Deutschland ein für selbständige politische Charaktere tödliches Klima, für das Bismarck selbst bemüht gewesen ist, ein schlüssiges Zeugnis beizubringen.

Denn im dritten Band seiner «Gedanken und Erinnerungen» legt er dar, daß er nach achtundzwanzigjähriger Tätigkeit an der Spitze des Staates in seiner Umgebung nur Kreaturen hatte, die ihn verrieten, sobald sie seinen Sturz vorausahnten. Aus den Männern, die jahrzehntelang seiner unmittelbaren Einwirkung ausgesetzt gewesen waren, hatten sich lauter Judasse entwickelt! Eine seltsame Selbstbezichtigung! Und noch seltsamer, daß Bismarck nicht empfand, wie der Vorwurf auf ihn selbst zurückfiel. Denn er mußte wissen, daß er auch andere Charaktere hätte finden oder bilden und das deutsche Volk in eine andere Bahn hätte lenken können; das bewies die Umgebung Wilhelms des Ersten, Männer von der alten Art wie Lehndorff und Albedyll, bei denen Vornehmheit und Charakter sich von selbst verstanden. In der Atmosphäre, die von Bismarcks Person bis ins letzte deutsche Dorf ausstrahlte, konnte ein politisch sicherer und fester «Deutscher» nicht wachsen; im Gegenteil, die Ansätze dazu verkümmerten, die nach den Freiheitskriegen in Gestalten wie Stein, Gneisenau, Scharnhorst, Boyen, Clausewitz sichtbar wurden und schließlich in Bismarck selbst ihre letzte und kräftigste Blüte trieben. So kam es, und das ist die Tragik dieses großen Mannes, daß er das Reich nicht auf das feste Fundament starker Charaktere gründete, sondern, wie sich bald herausstellte, auf den losen Sand politischer Gesinnungslosigkeit.

Meine Einstellung zu ihm hat immer zwischen Bewunderung und Ablehnung geschwankt; ich bin mit seinem Bild nie fertig geworden. Er war und blieb für mich eine problematische Erscheinung, bei der gegen eine große, geniale Leistung, die Einigung Deutschlands, eine folgenschwere Schuld, die Verkleinerung des deutschen Menschen, stand.

Am 9. März 1888 starb der alte Kaiser. Sein Tod wirkte auf Hunderttausende wie ein Trauerfall in der eigenen Familie. Von der Unbeliebtheit des Regimes war er nie betroffen worden. Ich mußte in unserm Schülerverein die Gedächtnisrede halten, aus der einiges trotz seiner etwas gestelzten und primanerhaften Form hier als Abschluß der Hamburger Jahre stehen mag:

«Er war», sagte ich, «ein Mann, grad und schlicht, der, auf fünfzigjährige harte Arbeit gestützt, sein Land einigte, weil er dies zu tun für seine Pflicht hielt, ein Mann anspruchslos und leutselig, treu und arbeitsam, für sich sparsam, freigebig gegen andere, würdevoll ohne Anmaßung, religiös ohne Bigotterie, König und doch Mensch. In seiner Kindheit der Liebling einer schönen und tränenreichen Mutter, in seiner Jugend der Geliebte einer ihm versagten Braut, in seinem Alter der Träger der Krone Karls des Großen und Friedrich Barbarossas, umgibt ihn ein Hauch jener volkstümlichen Poesie, die der Glorienschein echter Größe ist ... Friedrich Wilhelm IV. war ein Genie, das von der Last der Talente zu Boden gedrückt wurde, Kaiser Wilhelm hatte weniger Genie, aber mehr Menschenkenntnis, weniger Talente, aber mehr Urteilskraft. Staatsmann in erster Linie, nicht Soldat ist er gewesen; auf Menschenkenntnis noch mehr als auf glänzende Waffentaten hat er sein Werk gegründet; immer hat er im rechten Augenblick den rechten Mann erkannt, und persönliche Rücksichten haben ihn nie gehindert, diesen Mann zu verwerten. Den Neid, der aus der Ohnmacht persönlichen Ehrgeizes entsteht, hat er nicht gekannt, weil er ehrgeizig war nicht für sich, sondern für sein Volk. Er wollte herrschen, er verlangte nicht allein zu herrschen; gleich wie er sein Volk zum ersten, aber nicht zum einzigen Europas machen wollte. Er gründete Deutschlands Einheit nicht auf den Chauvinismus, der die Selbstsucht der Nationen, sondern auf den Patriotismus, der die Aufopferung des einzelnen ist ...»

3

Im Herbst bezog ich die Universität Bonn. Vorher hatte ich in Norderney Ferien verlebt, die mich zur Wahl gerade dieser Universität bestimmten. Am zweiten oder dritten Tag kam auf der Strandpromenade ein junger Mensch in meinem Alter auf mich zu, stellte sich als Graf Schweinitz vor und sagte, er sei mit einem Kreis von Bekannten in Norderney, sie würden sich freuen, wenn ich mich ihnen anschlösse. Da er angenehm und taktvoll war, nahm ich seine Einladung an. Er holte mich am Abend ab und stellte mich im Konversationshaus seinen Freunden vor. Unter diesen stand für ihn offenbar an erster Stelle der Graf Werthern-Beichlingen, der preußische Gesandte in München, ein schöner alter weißhaariger Mann, das Urbild eines germanischen Rekken. Beide waren mir aufgefallen. Man sah sie überall zusammen. Ich hielt sie für Vater und Sohn, so daß ich überrascht war, als Schweinitz sagte, sie seien überhaupt nicht verwandt. Sie hielten von den anderen einen gewissen Abstand und schienen zusammen ein Geheimnis zu hüten. Sie zogen mich an durch etwas Rätselhaftes in ihrer Art, miteinander zu verkehren.

Schweinitz war so groß wie ich, blond, schlank, etwas zart, und doch robuster als er aussah, weil sein slawisch anmutender Charme seine Zähigkeit verschleierte. Seine Umgangsformen waren einschmeichelnder, weltmännischer, sicherer als die meiner Hamburger Freunde; dabei sein Gesichtskreis und seine Vorstellungswelt enger, sein Verständnis auf Menschen seiner Kaste beschränkt. Wenn ich von Arbeitern oder Kaufleuten sprach, schwieg er höflich. Von Herzen ließ er nur Grafen, Prinzen und Könige und allenfalls in einem gewissen Abstand kleine Adlige und Bauern gelten. Alles übrige, die große Masse der Menschheit, war ihm gleichgültig. Keine Anschauung konnte ihm ferner liegen als die klassisch-römische: «Nichts Menschliches ist mir fremd.» Er war, wie ich zu merken glaubte, musikalisch, obgleich ich keine Gelegenheit hatte, das zu ergründen; vielleicht haben auch nur seine feinen schmalen ausdrucksvollen Hände mir die Vorstellung eingegeben, daß er gut Klavier oder Violine spielen müsse. Jedenfalls war er sehr kultiviert, kannte Goethe überraschend genau, liebte die Romantiker und Richard Wagner und konnte bezaubernd erzählen und Frauen den Hof machen. Am schönsten war die mystische Treue, die er dem alten Grafen darbrachte, und dazu die Qualität seiner Freundschaft, die immer einen Abstand hielt, voller Takt war und doch den Eindruck grenzenloser Ergebenheit machte. Erfrischend wirkte seine innere Sauberkeit: man konnte ihm allerhand phantastische Beweggründe, aber keine niedrigen zutrauen. – Er war nicht nur von meinen Hamburger Freunden, sondern auch von den jungen Engländern, mit denen ich in Ascot erzogen worden war, ganz verschieden. Statt der Festigkeit, ja Trockenheit des Umrisses, die diese letzteren auszeichnete, Geschmeidigkeit und Hingabe. Trotz natürlicher Zähigkeit fehlte der von englischen Erziehern gestählte harte Wille; ebenfalls, trotz klassizistischer deutscher Kultur, die solide humanistische Grundlage, auf die der junge englische Gentleman, fast ohne es zu merken, gestellt wurde.

Abends, wenn der Sonnenuntergang in das Meerleuchten überging, waren wir beiden Jungen meistens mit dem alten Grafen am Strand. Das Naturspiel war in diesem Jahr, wie die alten Norderneyer versicherten, schöner als je zuvor. Wir standen vor den miteinander kämpfenden, auf den Wellen heranstürmenden Farben und Lichtern wie vor einem Drama. Aus meinen Begleitern brach eine Art von wilder Naturpoesie hervor; sie phantasierten miteinander wie auf zwei Klavieren. Mich überfiel ein Gefühl, als ob ich in die Natur wie in einen Abgrund hineinstürzen und mich auflösen könnte.

Schweinitz und ich fanden und verstanden uns, trotz nicht geringer geistiger Gegensätze, zunächst vielleicht in Äußerlichkeiten, aber irgendwo auch in unseren tieferen Instinkten. So kam es, daß er mir eines Tages das Geheimnis anvertraute, das ihn mit dem alten Grafen verband. Als der König Ludwig von Bayern ein paar Jahre vorher im Starnberger See sich ertränkt hatte, war Schweinitz noch Schüler auf einer Ritterakademie in

Preußen. Die Nachricht vom tragischen Ende des Königs, den in seiner Knabenphantasie ein Glorienschein von Romantik umgab, regte ihn so auf, daß er heimlich aus der Schule nach München durchbrannte, um den Toten zu sehen. Mittellos kam er in München an, ging vom Bahnhof geradewegs zu dem ihm ganz unbekannten preußischen Gesandten Werthern, ließ sich bei ihm melden und bat ihn, ihn zum König zu führen. Werthern sagte selbstverständlich zuerst nein, wurde dann aber von der Inbrunst und Verzweiflung des Jungen besiegt, steckte ihn in eine Livree und nahm ihn zur Aufbahrung als seinen Pagen mit. Daraus entstand zwischen ihnen eine romantische Bindung. Ich mußte mein Wort geben, sie niemandem, solange der alte Graf lebte, zu verraten, weil sie nur in der tiefsten Verschwiegenheit ihre mystische Wirkung tue. Ich dachte an den «Maat» und unsere geheimen Schwüre. Romantisches Deutschland! Ich selbst gehörte dazu.

Auch der alte Graf war eine durchaus romantische Erscheinung. Er hatte noch die Statur der vorbismarckischen Zeit. Mit seinem langen weißen Bart, in einen alten faltenreichen Lodenmantel eingehüllt, erinnerte er an den «Harfner» in «Wilhelm Meister». Seine Mutter war in Weimar im Goethekreis groß geworden. Als er fünf oder sechs Jahre alt war, hatte sie ihn, so erzählte er, an einem Maimorgen in die Schloßkapelle in Beichlingen geführt und am Altar auf einen Strahl der aufgehenden Sonne schwören lassen, daß er immer dem Licht, der Wahrheit und der Schönheit dienen werde. Als er starb, fand man eine Anordnung, daß er in seinem Walde unter einer alten Eiche mit seinem Lieblingspferd beigesetzt werden wolle.

Noch romantischer war eine andere Figur, der junge Arnim, der Sohn des Grafen Harry Arnim, desjenigen Grafen Arnim, welcher zu Anfang der sechziger Jahre Rivale Bismarcks, von diesem als Botschafter nach Rom und Paris abgeschoben wurde, dann unter sensationellen Umständen plötzlich stürzte und wegen angeblich landesverräterischer Umtriebe zugunsten einer Restauration des Königtums in Frankreich mehrere Jahre Zuchthaus bekam. Der junge Arnim war wie eine Wirklichkeit gewordene Gestalt aus «Hoffmanns Erzählungen». Dunkel wie ein Italiener, groß, flink, geschmeidig, mit unsicher flackernden Augen in einem fliegenden Radmantel forteilend, schien er immer vor Bismarcks Sbirren auf der Flucht. Unstet verschwand er manchmal ganze Tage; dann war er plötzlich wieder da, das Urbild eines Friedlosen. Wenn er mit uns am Tisch saß, war er wortkarg, bitter, nicht ohne Witz; doch erwähnte er nie seinen Vater oder dessen großen Gegner. Wir mochten ihn und fühlten uns gleichzeitig durch ihn beunruhigt. Der Schatten Bismarcks schien ihn zu verfolgen. Er trug bei uns den Spitznamen «Der fliegende Holländer».

Als Mittelpunkt unseres Kreises gab sich der Regierungspräsident von Vincke; weshalb unser Tisch, an dem wir uns mittags und abends zusammenfanden, der «Vincketisch» hieß. Er stand in einem mehr oder weniger scharfen Gegensatz zu den welfischen Kurgästen, die sich um die gräfliche Familie Knyphausen scharten und auf ihren Sandburgen die Welfenflagge hißten; was übrigens einzelne von uns, unter anderen mich, nicht hinderte, zu den Knyphausens, die gut deutsch, nur nicht preußisch waren, gesellschaftliche Beziehungen zu unterhalten. Die weibliche Herrschaft in unserem Kreis führte die Frau von Niesewand, die Frau des Landrats von Mülheim bei Köln, die ihre Tochter und eine Nichte, ein Fräulein von Lavalette Saint Georges aus Bonn, bemutterte. Die beiden Mädchen waren jung, hübsch und rheinländisch pikant, so daß wir uns bald befreundeten. Diese Freundschaft gab den Ausschlag für meine Universitätswahl. Ich hatte an Heidelberg oder Berlin gedacht. Auf Drängen von Niesewands entschied ich mich für Bonn.

An einem kühlen, aber sonnigen ersten November traf ich in Bonn ein. Das Rheinland war der Teil Deutschlands, den ich außer Hamburg am besten kannte. Von Kindheit an war ich fast in jedem Jahr dort gewesen. Land und Volk waren mir vertraut. Auch der Dialekt war mir fast so geläufig wie Plattdeutsch. Einst hatten meine Eltern sogar den Plan erwogen, in der Nähe von Bonn sich anzukaufen. Darauf bezieht sich ein Brief des Grafen Paul Metternich, der damals noch Husarenleutnant in Bonn war, an meine Mutter:

«Verehrteste gnädige Frau!
Erstaunen Sie nicht zu sehr darüber, daß Sie einen langen Brief von unbekannter Handschrift aus Deutschland erhalten, und verzeihen Sie, wenn ich gleich mit einer großen Bitte heranrücke. Ich hoffe wirklich, daß Sie mir nicht böse sein werden über den Inhalt, *et je craindrais trop de vous déranger s'il ne s'agissait pas des intérêts d'autrui.* Erinnern Sie sich noch des Abends, als Sie mir das Geheimnis verrieten, Ihre schönen, aber widerspenstigen Haare an der Stirn festzuhalten. Wahrscheinlich nicht, aber ich habe darin ein besonderes Gedächtnis. Da es nun hier in Bonn Damen mit ebenso eigensinnigem, wenn auch nicht so schönem Haar wie dem Ihren gibt, und ich gesagt habe, daß man in Paris unsichtbare Netze dafür hatte, so hat man mich um die Adresse gefragt, und ich habe versprochen, mir die Mühe zu geben, in Erfahrung zu bringen, wo man sie bekäme. Meine Bitte geht nun dahin, gnädige Frau, daß Sie die Güte hätten, mir die Adresse dieses Haarnetzkünstlers mitteilen zu wollen. Jetzt, da ich mit meiner Bitte zu Ende bin, erlauben Sie mir noch eine Bemerkung, die ich nicht unterdrücken kann. Als ich das letztemal die Ehre hatte, bei Ihnen zu dinieren, fragten Sie mich, ob Bonn ein angenehmer Aufenthalt sei. Ich erwiderte so leichthin, teils aus Gewohnheit, alles schlecht zu machen, teils weil ich mir Ihre Frage nicht recht überlegte, daß Bonn eine entsetzliche Stadt sei. Dies ist nun durchaus nicht der Fall. Im Gegenteil ist Bonn und Umgegend, besonders Bad Godesberg, für den Fremden, welcher ungestört und ruhig die heißen Sommermonate in einer schönen und gesunden Gegend zubringen will, ein Ort, wie man ihn besser nicht wählen könnte. Ich erinnere mich, daß Sie davon sprachen, diesen Sommer nach Deutschland gehen zu wollen, und da mir einfällt, Sie hätten die Frage vielleicht zu dem Zwecke gestellt, um zu wissen, ob man hier einen Teil der Sommersaison angenehm verbringen könnte, versuche ich, meine leichtsinnige Äußerung von damals zu redressieren. Sollten Sie wirklich Ihr Augenmerk auf Bonn richten, so würde es mir natürlich eine große Freude sein, Ihnen jede nähere Auskunft mitzuteilen, was ich auch ziemlich könnte, da ich sehr gut die Gegend kenne. Wenn Sie daran denken, hier Ihren Aufenthalt zu nehmen, so

würde mich das, wie Sie sich denken können, auch aus egoistischen Gründen sehr freuen, da ich dann hoffen könnte, Ihnen mitunter meine Aufwartung machen zu dürfen und Ihnen als Cicerone die wirklich charmante Gegend zu zeigen. Auch würde ich Harry von großem Nutzen sein, da ich trotz meines ernsten Charakters mitunter sehr kindisch sein kann.

Zum Schluß bitte ich Sie nochmals um Verzeihung für die Bitte, womit ich Sie am Anfang meines Briefes belästigt habe, und lege mich der schönsten aller Frauen zu Füßen als Ihr Ihnen ergebenster

Graf Paul Metternich

Bonn, den 11. 7. 1878, Franziskanerstr. 9»

Leider hat sich der Plan meiner Eltern, die Sommermonate auf dem Lande bei Bonn zu verbringen, nicht verwirklicht, so daß ich nicht den Vorzug genoß, den Grafen Metternich, der später in London als Botschafter mein freundschaftlicher Gönner wurde, bereits als Spielgefährten gehabt zu haben.

Gleich am ersten Tag fuhr ich zu Niesewands nach Mülheim. Ich fand ein hübsches Haus mit alten Möbeln und einer Bildergalerie, in der Ruysdael, Cuyp, Ostade, Rubens vertreten waren; vor allem aber die freundschaftlichste Aufnahme. Von da an war ich während meiner Bonner Semester fast in jeder Woche bei Niesewands zu Gast. Fräulein von Niesewand, die lebhaft und hübsch war, wurde auf den vielen Gesellschaften und Bällen des Winters in Bonn, Köln und auf dem Lande meine fast ständige Kotillon- oder Tischdame. Wir tanzten und plauderten miteinander gleich gern. Wenn nicht Lisette gewesen wäre, die noch lebte, von der ich nichts hörte, an der ich aber mit allen Fasern meines Wesens hing, hätte ich die Sache weiterverfolgt; so blieb es bei einer flüchtigen Studentenliebe, von der ihr Gegenstand, da er viele Verehrer hatte, soviel ich weiß, nichts merkte.

In Bonn fand ich eine Anzahl von Mitschülern wieder; Georg Melchior, Hertz, einen Neffen des großen Physikers, der in Bonn Professor war, Sieveking, Warburg, Ruben, die eine Art von landsmännischer Vereinigung gebildet hatten, in der ich gern und viel verkehrte; namentlich mit Melchior knüpften sich die

Bande enger und ebenso mit Hertz, der mich zu seinem Onkel brachte. Dieser litt schon an der bösartigen Kiefervereiterung, an der er jung sterben sollte. Aber noch hielt er, von Krankheit häufig behindert, Vorlesungen. Gerade vor einem Jahr hatte er die Gleichheit von Licht, Elektrizität und Magnetismus experimentell nachgewiesen. Damals ahnte niemand, daß er dadurch Möglichkeiten vorbereitete, die, wie das Radio, Kultur und Politik tiefer beeinflussen würden als irgendeine Erfindung seit der des Buchdrucks. Er experimentierte mit primitiven Apparaten in seinem dürftig ausgestatteten Laboratorium flink und gewandt, um vor uns sein berühmtes Experiment zu wiederholen, ein rothaariger junger Mensch, von dem ich vor allem den Eindruck eines etwas unheimlichen, sehr bescheidenen, aber sehr sicheren Zauberers hatte.

Das war überhaupt das Neue, das Wertvollste an der Universität, daß wir mit freien, bahnbrechenden Geistern als junge Menschen in aller Ehrfurcht, aber sozusagen auf gleichem Fuß verkehren konnten. Freiheit und Gleichheit im Streben nach Wahrheit vereinigte die Besten unter den Studenten und Dozenten zu einer Gemeinschaft. Das unterschied die Universität von der Schule.

Mit drei Bonner Professoren bin ich in diesem Geiste in nähere Beziehungen getreten: mit dem großen Altphilologen Usener, dem Archäologen Kékulé und dem Nationalökonomen Nasse. Bei Usener wurden die Griechen, deren Licht in Hamburg nur bei mir im stillen Kämmerlein gebrannt hatte, während die Schule sie unter einem Berg von staubiger Philologie begrub, wieder springlebendig und zeitgemäß. Er war übrigens nicht nur geistreich und ohne Pedanterie, sondern auch als Erscheinung fesselnd, ein schöner griechischer Philosophenkopf, aus dem gelegentlich Bosheiten wie Stichflammen hervorzüngelten. Kékulé, der damals Ordinarius für Archäologie war und später Direktor des Berliner Alten Museums wurde, hatte die Gabe, ein sicheres Stilgefühl zu wecken und dieses sogar an Gipsabgüssen auszubilden; er las über Olympia und den Parthenon. Nasse, bei dem ich im Seminar arbeitete, beauftragte mich wegen meines Interesses für Arbeiter mit einer Untersuchung über die Invalidenversicherung. Ich mußte in Fabriken gehen, Lohnbücher prüfen, Statistiken aufstellen. Er führte mich von einer sentimentalen zu einer realistischen Betrachtung der sozialen Frage, besprach mit mir meine Folgerungen, gab mir wie einem jüngeren Kollegen Fingerzeige, kritisierte ohne Überheblichkeit. Im Frühjahr hielt ich in seinem Seminar einen Vortrag über diese damals politisch im Vordergrund stehende Frage der Invalidenversicherung. Wir freundeten uns fast an, wozu seine Frau, die auffallend schön und gesellschaftlich gewandt war, nicht wenig beitrug. Das gleiche galt von Frau von Kékulé, einer berühmten Schönheit von fast rein griechischem Gesichtsschnitt und durch und durch große Dame. Sie war eng befreundet mit Cosima Wagner und machte mir durch ihre Schilderungen, noch ehe ich in Bayreuth war, Wahnfried vertraut.

Es ist mir heute merkwürdig, daß ich neben dieser überhitzten geistigen Entwicklung (nebenbei studierte ich – sogar ziemlich fleißig – Jura) ein oberflächliches, aber intensives gesellschaftliches Leben führte. Nachts kam ich selten vor zwei oder drei nach Hause; morgens war ich regelmäßig im Kolleg. Das bekam mir glänzend; ich kann mich nur auf wenige müde oder kranke Tage besinnen.

Kurz nach meiner Ankunft war ich von den Bonner «Borussen» gekeilt, das heißt eingeladen worden, in ihr Korps einzutreten. Es war das Korps, dem der junge Kaiser als «Alter Herr» angehörte und dem durch die große Zahl seiner führenden Mitglieder in hohen und höchsten Stellen der Regierung, Verwaltung und Diplomatie ein unsichtbarer, aber maßgeblicher Einfluß im öffentlichen Leben zukam. Es war, wenn man die Definition Ferdinand Lassalles gelten läßt, daß die Verfassung eines Volkes nicht seine geschriebenen Gesetze, sondern die sich in ihm auswirkenden Machtverhältnisse sind, ein Stück der deutschen oder wenigstens preußischen Verfassung. Ich mußte antworten, daß mein Vater mir verboten habe, in ein Korps einzutreten und nur unter dieser Bedingung gestatte, daß ich in Bonn studiere. Trotzdem luden sie mich ein, ihren Kneipen gelegentlich als Gast beizuwohnen.

Zum ersten offiziellen Kneipabend fuhr mich der Fuchsmajor von der Lancken in seinem Dogcart, den zwei hintereinander à la Daumont angeschirrte Trakehner zogen. Mit der etwas eckigen feierlichen Höflichkeit, die unter Couleurstudenten üblich war, stellten sich mir im Korpshaus die versammelten Korpsbrüder vor, der eine immer hinter dem anderen herantretend: Graf Pückler, Freiherr von Tschammer, Graf Schwerin, Graf Magnis, von Schickfuß, von Renthe-Finck, Kurt von Mutzenbrecher, Freiherr von Schröder, im ganzen etwa zehn bis zwölf; alles ganz junge Leute, zum Teil Einjährige in der blaugoldenen Bonner Husarenuniform. Die in Zivil trugen weiße Stürmer, das schwarzweiße Korpsband und meistens eine lange fadendünne Goldkette, die, neben ihrem Korpsband um den Hals gelegt, schräg über die Brust herunterhing. Diese grazilen Ketten machten einen etwas femininen Eindruck, namentlich da einige dazu noch goldene Armbänder trugen. Das Korpshaus war neu gebaut, aber altmodisch im Stil der achtziger Jahre eingerichtet. Im ersten Stock lag die Kneipe, ein langer Saal, in dessen Mitte zwei Tische in T-Form aneinandergerückt standen. An den Wänden hingen Ölporträte des jungen Kaisers und anderer Hohenzollern, die im Korps aktiv gewesen waren: Kaiser Friedrich, der rote Prinz Friedrich Karl, Prinz Friedrich Leopold und so weiter. Auf einem Eichenbufett stand eine Bronzebüste Wilhelms I., ein Geschenk des jungen Kaisers. Die Verglasung des einzigen, sehr großen und breiten Fensters bestand aus lauter kleinen Butzenscheiben, auf die die Wappen der Mitglieder gemalt waren. Bürgerliche wurden nur ausnahmsweise aufgenommen.

Pünktlich um achteinhalb begann die «offizielle Kneipe». «Erster», das heißt Vorsitzender, war der Graf Pückler. Über die «Füchse», das heißt die neueingetretenen Mitglieder, die noch nicht ihre drei Bestimmungsmensuren gefochten hatten, herrschte als absoluter Monarch der Fuchsmajor Lancken. Ich wurde gebeten, neben ihm bei den Füchsen Platz zu nehmen. Dann eröffnete Pückler die Kneipe mit einer kurzen Begrüßung und einem von ihm kommandierten, von seinen Korpsbrüdern auf das genaueste nachgeriebenen «Salamander». Nur ich «klappte nach». Worauf Lancken mich mit ausgesucht höflichen Worten und einem freundlichen Lächeln «in die Kanne steigen» hieß. Das heißt, ich mußte in einem Zuge einen Ganzen leeren. Ich revanchierte mich, indem ich ihm einen «Bierjungen» anbot. Das heißt, wir mußten wiederum einen Ganzen um die Wette austrinken. Das ging ein paarmal so hin und her, bis ich mir vornahm, Schluß zu machen, indem ich Lancken unter den Tisch trank. Ich bot ihm einen siebenfachen Bierjungen an, das heißt, sieben halbe Liter im Wettkampf miteinander auszutrinken. Eine feierliche Stille trat ein. Staunen ringsum. Die vierzehn Halben wurden angefahren. Pückler übernahm das Kommando. Lancken unterlag um eine Nasenlänge. Von da an wurde ich mit einer gewissen Ehrfurcht angesehen. Aber leider bestand Lancken zum Schluß darauf, mich in seinem Dogcart nach Hause zu fahren. Die Pferde gingen durch, der Wagen überschlug sich, und wir endeten beide in einem Straßengraben; ob bloß, weil Lancken betrunken war – oder weil er überdies in seiner Betrunkenheit aus Übermut und Rache für seine Bierniederlage einen Doppelselbstmord plante, blieb ungeklärt.

Diese etwas rauhen Trinksitten waren aber, wenigstens bei den Bonner «Preußen», durchaus nicht die Hauptsache; wesentlich war die Erziehung der Jüngeren durch die Älteren zu einem Geist der Disziplin und Kameradschaft und die Anpassung an einen überlieferten, idealen «Bonner-Preußen-Typ». Man erkannte einen «Preußen» auf den ersten Blick. Die meisten gehörten von Haus aus zu der Art von jungen Deutschen wie Schweinitz. Nur waren sie infolge der Korpserziehung noch geschliffener, oft bis zur Glätte poliert, mit etwas härteren Umrissen, doch ebenso geschmeidig. Einige, wie der spätere Staatssekretär von Maltzahn, waren nicht nur höflich, sondern schon fast devot, so daß man sie leicht für falsch halten konnte. Die Mehrzahl waren Söhne des norddeutschen oder schlesischen Landadels, die, von Kind auf zum Staatsdienst als Offiziere, Beamte, Diplomaten erzogen, doch nicht daran dachten, jemals ihre Verbindung mit dem Lande aufzugeben, und daher einen gewissen Abstand von der Bürokratie, in die sie eintreten sollten, zur Schau trugen. Bei einigen schlug diese Distanzierung um in leise Zweifel an den Nutzen und die Unentbehrlichkeit der ihnen zugedachten Rolle. Manche waren mit großen Familien in Österreich, Rußland,

England verwandt. Alle waren materiell unabhängig. Durch sie drang ein kleines Maß von Selbstkritik und europäischer Luft in die höheren Regionen der preußischen und deutschen Bürokratie. Ihren Vorsprung in der Verwaltung verdankten sie nicht nur ihren «Beziehungen» – obwohl diese unbestreitbar viel zu ihm beitrugen –, sondern mindestens ebensosehr ihren Umgangsformen, die ihnen in einer überwiegend kleinbürgerlichen und plebejischen Beamtenschaft als Waffe diente, mit der sie bürgerliche Konkurrenten schlugen.

Ich traf den einen oder anderen von den «Preußen» fast täglich bei befreundeten Familien; ihre Kneipe besuchte ich selten.

Denn bald nach meinem ersten Abend bei ihnen entstand eine Tischgesellschaft von jungen, hauptsächlich rheinischen Adligen, Fürstenberg, Landsberg-Vehlen, Arco-Valley, Westphalen, Ascheberg, Geyr, Brackel, Eltz, Loe, Kempis, Groote, zwei Kesselers, Schmising-Kerssenbrock. Diesen schloß ich mich, unbeschadet meiner freundschaftlichen Beziehungen zu dem Hamburger Kreis und den «Preußen», dauernd an. Bestimmend war, daß ich bei den «Preußen» nicht eintreten durfte und die Hamburger ihr Interesse zu eng bloß auf Hamburg beschränkten. Die Mitglieder des «Rheinischen» Kreises waren trotz ihres Grundstocks doch mehr auf das ganze Reich eingestellt. Sie waren formloser als die «Preußen», krautjunkerlicher und, trotzdem einige Söhne von Standesherren oder selber Standesherren waren, ihren Kartoffel- und Weinbauern näher als die jungen Norddeutschen und Schlesier bei den «Preußen». Ihre Vorzüge waren eine große Gutmütigkeit, ein ihrem Katholizismus entsprechender kosmopolitischer Ausblick und bei den besten die aus ihrer Religion fließende echte Humanität. Der Durchschnitt erschien mir, wenn auch geistig beschränkter, so doch menschlich tiefer als die «Preußen». In den großen und kleinen Unterschieden zwischen diesen und jenen wurde der Gegensatz zwischen dem katholischen und dem protestantischen Deutschland auf das deutlichste fühlbar. Und je mehr mich Herz und Kopf zum protestantischen Volksteil hinzogen, um so mehr fesselte es mich, den katholischen, der mir bis dahin trotz häufiger Besuche im Rheinland ferner stand, aus nächster Nähe kennenzulernen.

Durch Niesewands und meine studentischen Kameraden kam ich bald mit zahlreichen Familien in Bonn, Köln und auf dem Lande in Beziehung. Die rheinische Gesellschaft sah damals seltsam aus. Durch die Wahlen zum Reichstag im Winter 1887, die sogenannten Septennatswahlen, war sie in zwei miteinander verfeindete Cliquen gespalten worden. Die einen waren vom Zentrum fort zur Konservativen Partei übergegangen und hatten bismärckisch gewählt. Die andern blieben beim Zentrum in der Opposition. Der Wahlkampf wurde von beiden Seiten mit rücksichtsloser Erbitterung geführt. Eine Ohrfeigenaffäre zwischen zwei prominenten rheinischen Herren auf dem Bahnhof in Brühl bei Bonn goß Öl ins Feuer. Der daran beteiligte Konservative forderte den Zentrumsmann. Dieser weigerte sich aus Gewissensgründen, weil das Duell für Katholiken eine Sünde sei, die Forderung anzunehmen; worauf der kommandierende General in Koblenz, von Loe, der selbst ein katholischer Rheinländer war, den Offizieren seines Armeekorps untersagte, in den Zentrumsfamilien zu verkehren. Infolgedessen wütete im Winter 1888/89 am Rhein ein gesellschaftlicher Bürgerkrieg. Die Kampffront verlief mitten durch Familien; Verwandte grüßten einander nicht, ein bekannter Adliger gab bei seiner Schwester p. p. c. Karten ab. Bei den Adelsbällen im Hotel Disch in Köln, die von der katholischen Clique beherrscht wurden, zeigte sich in diesem Jahr keine Uniform. Als Protestant konnte ich neutral bleiben und hinter beiden Fronten tanzen. Jede Seite sah es sogar gern, daß ich auch bei der anderen verkehrte. Der Vetter A. fragte mich, wie es bei den Vettern B., die er nicht mehr grüße, aussehe. Insgeheim trug ich Botschaften hin und her. Es war manchmal fast so aufregend und romantisch wie in einem wirklichen Kriege.

Dabei strengte sich jeder Teil an, den anderen gesellschaftlich zu überstrahlen, so daß der Winter besonders glänzend wurde. Sein Höhepunkt war die Hochzeit der Komtesse Paula Fürstenberg, einer Tochter des Grafen Fürstenberg auf Stammheim, der zur Konservativen Partei gehörte, mit dem schlesischen Grafen Karl Schaffgotsch, der Bonner Husar und «Preuße» gewesen war. Zahlreiche westfälische, schlesische und österreichische Verwandte waren dazu hergereist, die Herzogin von Rohan, eine schöne

Gräfin Westphalen, Croys, Auerspergs, Schaumburg-Lippes. Auf dem Ball, der demonstrativ im Hauptquartier der Katholiken, im Hotel Disch, stattfand, erschienen die Bonner Husaren, die «Preußen», die Koblenzer Offiziere vollzählig. Unwahrscheinliche Massen von altem und altmodischem Familienschmuck rückten auf hochgetürmten Frisuren und üppigen Busen in der konservativen Kampffront vor. Das Fest wurde zu einer Art Marneschlacht für den Zentrumsadel. Mir ist der Abend unvergeßlich wegen einer Lektion, die mir die Gräfin Katharina Westphalen erteilte. Sie war eine geborene Bürgerliche und hatte zu Anfang ihrer Ehe gesellschaftlich einen schweren Stand gehabt. Da sie aber schön und gewandt war, hatte sie sich durchgesetzt. Auf einem Sofa zwischen ihren Freundinnen, der Herzogin von Rohan und der Fürstin Auersperg, sitzend, von beiden, die ziemlich korpulent waren, halb verdeckt, bemerkte sie, wie ich zuerst die Herzogin rechts, dann die Fürstin links begrüßte, während sie aus Zerstreutheit von mir übersehen wurde. Worauf sie mit der süßesten Stimme, aber sehr laut sagte: «Mich will anscheinend der kleine Graf nicht kennen!» Und dann lächelnd und mit dem Fächer auf meine Schulter tippend: «Morgen frühstücken Sie bei mir – zur Strafe!» Zwei Tage später war noch eine Art von Nachfeier mit sämtlichen Hochzeitsgästen auf einem Ball, den ebenfalls zwei «alte Herren» von den Bonner «Preußen» gaben: ein Graf Schulenburg und der Baron Romberg, der später als Gesandter in Bern mein Chef wurde.

Es wäre ein restlos glückliches Jahr gewesen, wenn nicht am Ende des ersten Semesters ein kleiner Mißton sich eingeschlichen hätte.

Am Tage des Semesterschlusses ließen sich mit ungewohnter Feierlichkeit Lancken und Magnis bei mir ansagen. Da wir uns fast täglich sahen, nahm ich an, sie wollten sich nur verabschieden. Zuerst erschien vor meiner Bude Magnis zu Pferd in Uniform mit seinem Burschen, der die Pferde hielt, während er selbst steif und förmlich bei mir eintrat und, ohne sich zu setzen, mit den Hacken klappend mir eröffnete: Die «Preußen» hätten im vergangenen Semester mit Mißvergnügen beobachten müssen, daß ich, obgleich nicht zu ihrem Korps gehörig, eine gesellschaftliche Rolle in Bonn und Umgegend gespielt hätte. Das sei für sie untragbar; und daher sei er, bei aller Freundschaft, genötigt, mir von Lancken eine Forderung zu überbringen. Übrigens sei das nur eine Formsache und solle, wenn ich damit einverstanden sei, an unseren freundschaftlichen Beziehungen nichts ändern. Auch müsse er hinzufügen, daß er ohne offiziellen Auftrag des Korps und nur für Lancken persönlich spreche. – Inzwischen war zu meiner Überraschung und gegen jeden Brauch dieser selbst eingetreten und stand stumm und verlegen hinter Magnis. Ich mußte trotz aller Feierlichkeit lachen, bat sie, sich zu setzen, was sie ablehnten; dann erwiderte ich: Gut, wie es mit den freundschaftlichen Beziehungen werden würde, müsse sich zeigen, aber ich hätte eine Ferienreise nach Italien vor, mein Zug gehe in wenigen Minuten; nach meiner Rückkehr würde ich bei einem anderen Korps Waffen belegen, mich einpauken und nach sechs Wochen Lancken zur Verfügung stehen. Beide klappten noch einmal mit den Hacken, machten links um und verschwanden.

Lancken, der später und bis zu seinem Tode einer meiner besten und treuesten Freunde wurde, war ein typischer Junker und Draufgänger, furchtlos bis zur Verwegenheit, menschlich anständig, der Kaste und dem Freundeskreise, dem er angehörte, bis in den Tod ergeben. Er sah aus wie ein junger Wikinger, rotblond, groß, knochig, ungelenk, mit breiten Backenknochen, aber einem sonst schmalen, aristokratischen Gesicht; nicht schön, aber auffallend durch die eckige Kraft seiner Züge. Ohne jede geistige Kultur und dessen sich bewußt, hatte er eine Art von Ehrfurcht vor geistig Überlegenen, vor einem möglichen Führer, und war dann, wenn er einen gefunden zu haben glaubte, von einer Hundetreue. Er hatte Grundbesitz auf Rügen, warf das Geld zum Fenster hinaus, bewirtete seine Gäste bei sich am Strande in einem Zelt aus hellblauer Seide, verspielte Unsummen, nahm sich Mädchen von der Straße und bezahlte sie königlich und war überhaupt, wenn ihn niemand bändigte, hemmungslos. Er fuhr und ritt gern undressierte Pferde, jagte sie in Karriere durch die Straßen. Als Einjähriger bei den Husaren konnte er nicht avancieren, weil er einmal auf einem Pferde, das er nicht mehr halten konnte, einen Leichenzug gesprengt hatte. Wegen dieses Mißgeschickes dauerte es Jahre, bis er die Knöpfe bekam und schließlich Offizier wurde. Später hat er in Berlin, aus der Friedrichstraße in die Linden einbiegend, den Kaiser fast über den Haufen gefahren. Der Kaiser ließ den unvorsichtigen Fahrer anhalten, zur Feststellung seiner Person heranholen und erkannte in ihm zu seiner großen Belustigung seinen Korpsbruder Lancken. Schließlich ist er seiner Freude an schwer zu reitenden Pferden zum Opfer gefallen. Bei einer Felddienstübung überschlug sich ein junges Tier mit ihm. Er blieb darunter liegen, ließ sich wieder in den Sattel heben, ritt nach Hause, legte sich zu Bett, weil er in der Seite Schmerzen fühlte, und während zwei oder drei Freunde bei ihm saßen, fiel plötzlich sein Kopf auf die Brust, er war tot.

Aus einem ähnlichen, nicht ganz so tragischen Anlaß wurde aus unserem Duell nichts. Auf dem Exerzierplatz bei Bonn ging sein Pferd mit ihm durch, streifte in Karriere einen Baum, der seinen rechten Arm zerschmetterte. Das war im Frühsommer. Er ließ mich zuerst um eine Frist bitten, bis sein Arm geheilt sei; dann wurde die Sache unter dem Druck von anderen «Preußen» und «alten Herren», die sie von Anfang mißbilligt hatten, beigelegt. Lancken selbst sagte mir, sie sei eine Kinderei gewesen; wenn es mir recht sei, wollten wir nicht mehr davon reden.

Infolge der Forderung von Lancken traf ich aber seltsamerweise zum erstenmal meinen späteren Freund Eberhard Bodenhausen. Ich hatte, um mich einzupauken, Waffen bei den «Hanseaten» belegt und fuhr mit ihnen zu den Mensuren, die frühmorgens im Kottenforst stattfanden. Bei einem Waffengang zwischen einem der Ihren und einem andren Studenten wirkte Bodenhausen als Unparteiischer. Wenn ich nicht irre, war er bei den «Preußen» «Erster» gewesen, studierte aber jetzt auswärts zum Examen. Er fiel mir durch eine kalte, aber fast ideale Schönheit auf. Groß, blond, mit einem schlanken, flinken, vollendet proportionierten Körper, mit Gesichtszügen, die eher englisch oder griechisch als deutsch waren, schien er wie ein zum Leben erwecktes, von einem inneren Feuer bewegtes griechisches Bildwerk. Das einzige, was plump an ihm war, waren seine Hände, die schwer und groß waren; er selbst sagte, wenn von Händen die Rede war, lachend: «Ich mit meinen Lustmörderhänden!» Unter seinen Korpsbrüdern bewegte er sich wie ein König. Die Art, wie er als Unparteiischer mit seinem Schläger dazwischenfuhr, um den Kampf, wenn er unfair zu werden drohte, aufzuhalten, war so souverän und hatte zugleich eine solche fast tänzerische Grazie, daß die Mensur zu einem ästhetischen Schauspiel wurde. Der Paukkomment verbot, daß wir miteinander sprachen; aber ich erinnere mich, daß die «Preußen» Bodenhausen dauernd im Munde führten als einen aufgehenden Stern, ein Vorbild, eine Art von Wunder. Namentlich Lancken, der fast in allem sein Gegenteil war, sprach von ihm mit einer kindlichen Begeisterung und Anhänglichkeit. Er hatte, so schien es, irgend etwas Neues in den alten «Preußen»-Geist hineingetragen, das die meisten jüngeren «Preußen» wenigstens zur Schau trugen und durch das sie sich von den Mitgliedern der andern schlagenden Verbindungen distanzierten.

In Stammheim bei Fürstenbergs, auf der Schweppenburg bei Geyrs, in Wahn bei Eltzens, in Langenberg bei Loes, auf dem Ahrenfels bei Westerholts, in Morsbroich bei Diergardts, bei Kerrsenbrocks in Kükelink und auf manchen anderen Landsitzen habe ich während meiner Bonner Semester ohne Unterschied der Partei glückliche Stunden verbracht. Soweit meine damaligen Gastgeber noch am Leben sind, möchte ich ihnen hier noch einmal danken. Unter ihnen war einer, dessen Bild mir stets gegenwärtig geblieben ist: der alte Freiherr von Loe auf Langenberg; sein Sohn Clemens gehörte zu unserer Tischrunde. Der Vater war als Gegner der Bismarckschen Kulturkampfpolitik bekannt und daher als «Reichsfeind» verfemt. Er lebte anscheinend ziemlich einsam, aber stolz und ungebeugt, auf seinem Schloß. Viele von seinen alten Freunden hatten sich von ihm losgesagt. Er blieb, was er immer gewesen, der Freiherr von Loe, ein frommer und vornehmer Katholik. Er hatte schneeweißes Haar, war groß und ging vom Alter leicht gebückt. Sein Gesicht strahlte Güte aus. Gegen junge Leute war er von einer entzückenden spielerischen Liebenswürdigkeit.

Ich kochte vor Jugend über, tanzte, studierte, schrieb Gedichte, die ich wieder vernichtete, und, noch vorhanden, den Anfang einer Novelle, in deren Mittelpunkt Lisette stehen sollte. Der Hintergrund dieses Studentenlebens – der Rhein, das Siebengebirge, der Drachenfels, die Loreley – machte mir reine Freude eigentlich nur im Mondschein, bei Tageslicht sah man rechts und links an den Weinbergen zu viele Restaurants! Aber bei leichtem Nebel, in einem blassen Mondlicht, wenn wir zu zweien oder dreien in einem Kahn oder neben ihm her schwimmend mit dem Strom kämpften, wurde die Landschaft mächtig und sagenhaft. Wir scherzten, einmal werde eine Nixe zu uns ins Boot steigen!

Und wirklich geschah es. Sie nannte sich Viola. Ein junger Student, der gelegentlich in unserem Kreise verkehrte, aber viel allein herumstrich, hatte sie, *auf einem Felsen am Rhein sitzend*, wie er sich ausdrückte –, in Wirklichkeit auf einer Rheinterrasse bei Rolandseck angetroffen. Da er hübsch war und noch sehr jung und etwas romantisch aussah mit dunklem leicht gelocktem Haar und großen unschuldigen Augen, hatte sie ihn bemerkt und ihm, als er sie ansah, zugelächelt. Schüchtern nahte er, sie aber forderte ihn lachend auf, sich zu setzen. Sie war etwa zwei- oder dreiundzwanzig, ganz unbefangen, anscheinend eine Künstlerin, eine Sängerin oder Tänzerin (was und wer sie wirklich war, haben wir nie erfahren). – Ein Freund und ich waren nach Rolandseck gerudert, um nachts bei Vollmond den Rhein nach Bonn hinabzutreiben. Als wir auf die Terrasse kamen, saßen die beiden, die sich eben erst kennengelernt hatten, in ein Gespräch vertieft, wobei die junge Frau fortwährend leise lachte. Sie trank wenig, aber erzählte viel, in einem leicht spöttischen Ton, von großen Wäldern und einem Schloß an der See, in dem sie unter lauter alten Leuten – «selbst die Diener waren über siebenzig» – aufgewachsen sei. Bis zu ihrem fünfzehnten Jahr habe sie nie ein Kind oder einen jungen Menschen gesehen, auch nie gespielt, immer nur gelesen und sich selber Geschichten erzählt. Unser Freund scherzte, ob das Schloß vielleicht an einer Meeresbucht in den böhmischen Wäldern läge und sie irgendwie mit Shakespeares Viola verwandt sei? Lachend antwortete sie, sie heiße gar nicht Viola, sondern Sonja und sei Russin oder Polin, sie wisse das selber nicht so genau; aber ein alter reicher Onkel habe sie in Petersburg ausgeführt, manchmal zu Bällen bei Hofe, manchmal in die Oper, manchmal zu den Zigeunern auf die Inseln; von diesen habe sie tanzen und singen gelernt. Bei den Schlittenfahrten nachts in den verschneiten Wäldern habe man sie «Elfenkönigin Sonja» getauft, weil sie über ihrem weißen Pelz immer einen langen leichten blauen Schleier trug, der im Mondschein wie ein Nebelstreif hinterher schwebte. Übrigens heiße sie doch Viola! Ihre Verwandten hätten eine Villa bei Ravenna im Pinienwald am Meer; dort sei sie der Haushälterin, einer achtzigjährigen Hexe, anvertraut gewesen, und diese habe sie Viola genannt. Die alte Frau habe allerhand Zauberei getrieben, die Mücken besprochen, daß sie nicht stachen, die Schwalben, daß sie reihenweise ins Feuer purzelten, die Kreuzottern, daß sie ihr Gift verspritzten und mit sich spielen ließen. Es war bei der jungen Frau schwer, zwischen Wirklichkeit und Phantasie zu unterscheiden. Sie sprach mit einem leichten russischen Akzent, von dem sich aber auch nicht feststellen ließ, ob er echt oder nachgemacht war. Allerdings hatte sie einen slawischen Typ, dunkle, blitzende, etwas geschlitzte Augen, kastanienbraunes leichtgewelltes Haar, das sie kurzgeschnitten wie die russischen Studentinnen trug, einen kleinen, schmalen, harten Mund und die schönsten Zähne. Als einzigen Schmuck trug sie am Arm einen dünnen Goldreif mit drei großen Rubinen oder Karfunkelsteinen, die in gleichen Abständen um ihn verteilt waren; er fiel auf und war in der Form sehr ungewöhnlich. Als wir ihn bewunderten und ihr Freund die Hand darauf legte, lachte sie hell auf, er solle sich hüten, der Reif sei verzaubert, ein Geschenk ihres alten reichen Onkels, der ihr empfohlen habe, ihn gut aufzuheben, er werde ihr eines Tages einen Mann verschaffen. Nur solle sie sich vor diesem in acht nehmen, denn er werde jung, aber sehr böse («Serr böse») sein! Vielleicht allerdings auch nicht; denn nur einer von den Rubinen habe Gewalt über schöne und böse Männer, um sie anzuziehen, die beiden anderen spähten nach guten und lauen aus. Das sei aber nicht so wichtig; denn sie habe viel Phantasie und kein Herz, daher werde selbst ein böser Mann es ihr nicht brechen können. Dabei lachte sie wieder hell. Uns war, als ob die drei Rubinen uns plötzlich mit Feueraugen ansähen. Es wurde spät, sie erhob sich und bestimmte, sie wolle mit uns nach Bonn den Rhein hinuntertreiben.

Als wir ans Wasser kamen, war Nebel aufgestiegen, den der Vollmond blau färbte. Wir stießen lautlos ab; sie beugte sich über den Bootsrand und starrte ins rasch fließende, dunkle Wasser. In der Mitte des Stromes begann sie leise auf französisch die Arie der Philine aus der Oper «Mignon» zu trällern:

En ce pauvre monde où nous sommes
Si toute femme est comme moi
Coquette, légère et sans foi ...

Sie hatte eine kristallklare Stimme und sang die Koloraturen mühelos und rein; dabei ließ sie das Wasser durch ihre Finger gleiten, einzelne Tropfen, die sie nach uns spritzte, glitzerten wie Diamanten. Plötzlich fragte sie, ob wir auch nachts tauchen könnten? Sie wollte für den geschicktesten Schwimmer einen Preis aussetzen; welchen, werde sie uns sagen, wenn wir fertig zum Absprung seien. Wir waren etwas beschwipst und zogen uns gleich aus. Als wir nackt waren, sagte sie: Der Preis sei ihre Liebe ... Aber *welchen* von uns sie lieben werde, das sollte ihr Reif bestimmen. Sie streifte ihn vom Arm, brach ihn in drei Stücke und fügte hinzu, sie werde uns jedes Stück einzeln nachwerfen, der erste, der ihr eines zurückbringe, solle sie lieben dürfen. Wir sprangen alle drei gleichzeitig ab. Zwei Stücke sanken, ohne daß wir sie sahen, auf den Grund; das dritte blitzte einen Augenblick im Mondschein und fiel in die Nähe ihres jungen Freundes, der es im Tauchen auffing. Als wir ins Boot zurückkehrten und während wir uns anzogen, trällerte sie wieder das Lied der Philine:

... toute femme est comme moi
Coquette, légère et sans foi ...

Dann brach sie plötzlich mitten in der Arie ab und lag mit geschlossenen Augen im Heck. Ihr junger Freund legte ihr den Arm um den Hals. Und ohne daß einer ein Wort gesprochen hätte, landeten wir in Bonn.

Drei Wochen schienen beide restlos glücklich. Sie nannte sich jetzt «Hans» und ging als Junge gekleidet. Die Mütze schief aufs linke Ohr gerückt, eine Gerte schwingend, die Figur schlank und leicht, sah sie aus wie ein sechzehnjähriger Gymnasiast. Ihr Freund, den man selber für einen Schüler halten konnte, gab sie für seinen kleinen Bruder aus. Zu ihm sagte sie «Towaritsch», uns nannte sie «Herrr Kammerrad!»

Eines Tages war sie plötzlich verschwunden. Sie hinterließ einen Brief, der in einem drolligen Gemisch von Deutsch, Russisch, Französisch ungefähr so lautete:

«Towaritsch, ich fürchte, daß, wenn wir zusammenblieben, in uns beiden ein unbequemes Organ, ein Herz, wachsen könnte. *Mais avant tout je tiens à ma liberté.* Ich habe damals auf dem Rhein den falschen Rubin gefaßt; du bist nicht, wie ich hoffte, «sehr böse», sondern einer von den Lieben und Guten. *Ceux-là sont les plus dangereux.* Aber, nitschewo! Ich gehe. Wir werden uns nicht wiedersehen. Ich suche einen, der weniger gut und deutsch ist. Du lebst in meiner Erinnerung wie ein Volkslied. Ich aber muß Koloratur singen. Sei nicht traurig, es gibt genug hübsche deutsche Mädchen am Rhein.

Addio! Viola»

In den Sommerferien besuchte ich zum erstenmal Bayreuth. In Bonn war ich dem Richard-Wagner-Verein beigetreten, dem mehrere Bekannte, Kékulés, Romberg, Mutzenbecher, Magnis, angehörten. Dort hatte ich Daniela Thode, die Tochter Hans von Bülows und Cosima Wagners, kennengelernt, die einen starken Eindruck auf mich machte. Nicht so sehr physisch, obwohl sie jung und eine seltsam schöne, fast exotische Erscheinung war mit dunklem Haar und herrlichen Augen; nein, sie zog mich an, weil sie mit einem mir bis dahin unbekannten Fanatismus einen mystischen Kult betrieb, die Anbetung ihres Stiefvaters Richard Wagner. Ich glaube, daß diese Art von Mystik, die einen Menschen nicht bloß zu einem Übermenschen umdeutete, sondern auch gegen jede Kritik wie gegen ein Attentat schützte, erst von den Wagnerianern erfunden worden ist. Jedenfalls war Daniela Thode ganz von dieser Anbetung durchtränkt, jedes Wort, das sie sprach, glühte und leuchtete von ihr. Sie selbst bekam dadurch etwas verführerisch Priesterliches, Magierhaftes, wie aus einer längst vergangenen prophetischen Epoche der Menschheit oder aus einer fernen, noch tief verschleierten Zukunft. Mit dieser Mystik verband sie eine mir ebenso neue, philosophische Auffassung der Musik. Ich fing damals gerade an, mich ernsthaft mit Philosophie zu beschäftigen, las zum erstenmal die «Kritik der reinen Vernunft», die mein Weltbild umwälzte, die wirkliche, sichtbare, tastbare Welt in ein Nichts verflüchtigte. Das Gefühl, das ich in Norderney vor der Natur hatte, als sei sie ein bodenloser Abgrund, in den man hineinstürzen und sich auflösen möchte, kristallisierte sich zu einer Weltanschauung. In diesem Augenblick lernte ich Daniela Thode und ihre Auslegung der Musikwerke ihres Stiefvaters kennen, die überraschend zu meiner neu gewonnenen Philosophie paßte. Die zwei oder drei Gespräche, die ich mit ihr hatte, hätten mir gefährlich werden können, wenn mein Lebenswille schwächer gewesen wäre; ich machte Einwendungen, sie zitierte Schopenhauer, ich sagte mir, daß nur in Bayreuth eine Antwort zu finden sein werde.

In Bayreuth wurde alle Überlegung über den Haufen gerannt durch die Wucht des Eindrucks. Hinter der wie eine Sturmflut den Hörer dahintragenden Musik war die Philosophie nur ein ferner Horizont. Meine Mutter, die ich begleitete, hatte so viel auszusetzen, daß ich den geplanten Besuch in Wahnfried aufgab. Sie war ganz auf Mozart, Schubert und italienische Musik eingestellt und fand Wagner genial, aber schwülstig, musikalisch hohl und demagogisch. Ich konnte mich wie bei Bismarck nicht dem Zauber seiner Persönlichkeit, seines Genies entziehen. Wirklich hatten Wagner und Bismarck in den Mitteln, mit denen sie wirkten, und auch in der Taktik, durch die sie siegten, manches gemein. Daniela Thode sah ich flüchtig, Cosima nur aus der Ferne, eine lange, knochige, unwahrscheinlich herrische Erscheinung ganz in Schwarz, eine Maintenon, eine Königswitwe, dachte ich.

4

Im Winter übersiedelte ich nach Leipzig. Ich wollte den Nationalökonomen Brentano, den Psychologen Wundt, den Professor der Kunstgeschichte Anton Springer hören. Außerdem hatte ich durch meinen Bonner Kreis Beziehungen zu einem ähnlichen Kreis in Leipzig, den «Canitzern»; und dies gab wohl den Ausschlag.

Meine erste Sorge in Leipzig war, mit den «Canitzern» die Verbindung aufzunehmen. Ich ging mit einem Empfehlungsbrief an den Vorsitzenden, einen Herrn von Könneritz, ins Hotel «Stadt Dresden», wo die Verbindung zu Mittag aß, und wurde gleich hereingebeten und der Tischrunde vorgestellt; zugegen waren, wenn ich mich richtig erinnere, Ottobald Werthern, ein Sohn meines alten Norderneyer Freundes, des Grafen Werthern-Breitlingen, Alfred Nostitz, Lothar Spitzenberg, Walter Hermann, eine Anzahl junger Junker: Puttkamer, Usedom, Kessel, Scheliha, Zedlitz, Matthiessen, Henning a. d. Winkel, ein Graf Stosch, ein Graf Vitzthum und Gustav Richter. Nach Tisch zeigten sie mir ihre «Kneipe», einen langen schmalen Keller, der mit Eiche getäfelt und mit Wappen von «Canitzern» geschmückt war. Der feudal klingende Name der Verbindung stammte allerdings nicht von der gräflichen Familie Canitz, sondern ganz bescheiden von dem Kneipwirt, der Canitz hieß. Es war ein fester Kreis von jungen Adligen, hauptsächlich aus Pommern, Schlesien, Brandenburg und Sachsen, der keine Farben trug, keine Bestimmungsmensuren focht, aber nicht grundsätzlich das Duell ablehnte. In Leipzig, wo die farbentragenden Verbindungen weniger angesehen waren als in Bonn, spielte er gesellschaftlich die erste Rolle. Auf Bällen tanzten die jungen Leipziger Damen lieber mit einem «Canitzer» als mit einem Leutnant. Auch waren viele ihrer «alten Herren» in Preußen und im Reich in führenden Stellungen; und als Friedrich Wilhelm von Loebell Chef der Reichskanzlei und der Geheime Kabinettsrat Rudolf von Valentini Chef des Zivilkabinetts des Kaisers wurde, beide alte «Canitzer», da stand der politische Einfluß der Verbindung kaum hinter dem der Bonner «Preußen» zurück. Für selbstverständlich galt in beiden Verbindungen, daß Adlige im allgemeinen bessere Menschen seien als Bürgerliche und das Wohl des Staates daher gebiete, Adlige in Heer und Verwaltung zu bevorzugen. Kleine Unterschiede zwischen beiden Kreisen fielen demgegenüber nicht schwer ins Gewicht. Die «Canitzer» waren etwas weniger geschliffen als die «Preußen», dafür auch weniger schabloniert, außerdem fleißiger und sparsamer: Viele kamen mit einem recht knappen Monatswechsel ohne Schulden aus, rechneten genau, ohne knauserig zu sein, und hatten stets ihr Familiengut in Pommern oder Schlesien vor Augen, wenn sie in Versuchung gerieten, zu spielen oder sonst auszuschweifen. In dieser Hinsicht waren sie sogar preußischer als die «Preußen»: ausgezeichnetes Beamtenmaterial.

Zunächst fror mich in Leipzig. Die große Stadt, die unübersehbare Zahl der Studenten, die flache, reizlose Umgebung schufen ein geistiges Klima, das anders war als am Rhein. Auch war der gesellschaftliche Hintergrund nicht ein gastfreier, lebensfroher Landadel, sondern eine zum Teil materiell beschränkte Professorenschaft und eine zwar wohlhabende, aber vielfach noch etwas provinzielle Bürgerschicht. Die Folge war, daß die Beziehungen zwischen Hörern und Dozenten, zwischen Studenten und «Gesellschaft» weniger eng waren als in Bonn, um so enger allerdings die zwischen Kameraden: denn wir verkehrten hauptsächlich untereinander; die gesellschaftliche Ablenkung war zunächst gering.

Das änderte sich allerdings im Frühjahr, als die beiden Brüder des späteren Königs von Sachsen Friedrich August, die jungen Prinzen Hans und Max von Sachsen, nach Leipzig kamen, um zu studieren, und in unsern Kreis als Hospitanten eintraten. Denn sie sollten nicht bloß lernen, sondern auch die etwas gelockerten Bande zwischen Leipzig und dem sächsischen Königshause wieder enger knüpfen, natürlich ohne bei Preußen anzustoßen; und das bedingte einen ausgedehnten, sorgfältig gesiebten und ausbalancierten Verkehr sowohl mit preußischen wie mit sächsischen Spitzen der Gesellschaft, in den wir hineingezogen wurden.

Die Prinzen wurden unterstützt von einem kleinen Hofstaat, in dem die Hauptrollen der zu ihnen als Begleiter kommandierte Major Freiherr von Reitzenstein und seine Frau spielten, neben denen gelegentlich junge, gut tanzende sächsische Offiziere und der eine oder andere Hofmarschall auftauchten. Der Major von Reitzenstein war ein guter Offizier, gerade, loyal und seinem Herrn und König treu ergeben, konservativ bis in die Knochen, dabei von vollendetem Takt und durch und durch Grandseigneur, so daß er für die Prinzen ein in gesellschaftlichen Fragen idealer Berater war; seine Frau, der später als Obersthofmeisterin in der Ehetragödie des sächsischen Kronprinzen eine schwere und entscheidende Rolle zufiel, besaß bei aller Strenge ihrer christlichen Grundsätze einen gewinnenden, fast mädchenhaften Zauber, der bald aus ihr den von vielen angeschwärmten weiblichen Mittelpunkt unseres Kreises machte. Von den Hofmarschällen wurde uns der Herr von Haugk zum Typ des korrekten, nie versagenden Hofmannes. Mit einem gutgeschnittenen, etwas hölzernen Gesicht, das, wenn er sprach, immer lächelte, peinlich elegant nach der letzten englischen Mode von seinem tüchtigen Dresdner Schneider eingekleidet, stets, auch am späten Abend auf der Kneipe, selbst wenn er nicht mehr ganz sicher auf den Beinen war, verbindlich, bei aller höfischen Glätte aber nicht ungern den Prinzen dann und wann eine leichte Lektion erteilend, gewandt und treuherzig, entbehrte seine Figur nicht eines leisen Anflugs von Komik. Überhaupt gab es manche komischen Elemente in der durch die Anwesenheit der Prinzen geschaffenen Situation. Sie war nicht ganz wie in «Alt-Heidelberg», da weder der eine noch der andere Prinz dem «Erbprinzen Karl Heinz» glich, aber der diplomatische Auftrag, Leipziger Sympathien zu gewinnen, der in einem unlösbaren Widerspruch stand zu der gar nicht auf Diplomatie und verbindliche Kompromisse eingestellten Persönlichkeit des Prinzen Hans, zeitigte fortlaufend kleine lustspielhafte Spannungen und Entladungen. Dabei befleißigte sich der Prinz eines schlicht bürgerlichen Auftretens, war äußerst gutmütig, sächselte von Haus aus ganz natürlich, dichtete freundliche Gedichte und einmal sogar ein Trauerspiel «Pontius Pilatus» und besaß einen Berg von Kenntnissen, die ihm zu restloser Anerkennung bei den Professoren verholfen hätten, wenn er nicht von Zeit zu Zeit aus diesem Gaurisankar von theologischer und kunstgeschichtlicher Gelehrsamkeit einen Klumpen herausgebrochen und einem ins Gespräch gezogenen Reichsgerichtsrat oder nichtsahnenden Professor der Biologie auf den Schädel geschmettert hätte. Doch war er, was schon selten zu werden anfing, ein Charakter, aufrecht und seinen Freunden und Meinungen unter schwierigen Umständen treu. Bei uns genoß er daher Achtung und Freundschaft; aber auf manche Leipziger wirkte er wie ein Fremder.

Der jüngere Prinz war äußerlich viel bescheidener, ein frischer, hübscher Junge, der geistig weniger hoch flog als sein Bruder, aber im Gegensatz zu diesem ein glühendes Interesse für soziale Fragen hatte. Äußerlich gab er sich als junger, unbekümmerter Prinz, der für jeden Studentenulk zu haben war; doch wenn man ihn beobachtete, merkte man, daß er unwahrscheinlich rein und noch katholischer als sein Bruder war. Man mußte ihn gern haben, und doch fühlte man, daß er, wie gewisse blonde Infanten von Velasquez, seelisch sonderbar verschlossen und unzugänglich war. Er machte in Leipzig seinen juristischen Doktor, sattelte dann zur Theologie um, verzichtete auf seinen Rang, wurde einfacher Priester und widmete sich zunächst der Fürsorge für die Armen im Ostende von London.

Der älteste Bruder der Prinzen, der spätere «Geenig», der nach Beendigung seiner Studien bei einem Regiment in Dresden Dienst tat, erschien auch ein paarmal auf unserer Kneipe. Er war der einzige von den Prinzen, der volkstümlich war; trank gern, hatte Humor, ging geistigen Gesprächen aus dem Weg, wodurch er Ärgernis vermied – war überhaupt viel gescheiter, als er selbst gern erscheinen wollte, und gab schon damals die komischen, ins Schwarze treffenden Antworten, die ihn später, unter der Republik, zum populärsten deutschen Monarchen machten. Als ich ihn einmal leicht angetrunken nach Hause brachte und die Polizei ihn wegen nächtlicher Ruhestörung stellte, entwickelte sich ein so zwerchfellerschütterndes Gespräch zwischen ihm und den Schutzleuten, daß sie ihn vor Lachen laufen ließen; erst dann gab er sich zu erkennen: «Nu säht emal, guckt mich an; ich bin Sie doch euer Dronfolger!» Doch auch *seine* Fühlung mit dem Volke war oberflächlich; in Wirklichkeit lebte er in derselben fremden fernen Welt wie sein ganzes Haus.

In einem losen, aber fortlaufenden Verkehr mit den sächsischen Prinzen und unserem Kreis standen noch einige andere in Leipzig studierende Fürstlichkeiten; so der Erbgroßherzog von Hessen und der Prinz Heinrich XXXI. von Reuß. Der Erbgroßherzog hatte als Enkel der Königin Viktoria viel von einem Engländer. Das Kneipen sagte ihm wenig zu, er liebte den Sport, tanzte vorzüglich, trug mit Eleganz den Frack, war überaus lustig, temperamentvoll, ja feurig, aber mit Grazie, wie ein Vollblüter, und hatte im jungen Rudolf Binding einen einsichtigen und klugen Freund und Berater. Er war von allen deutschen Fürsten der, der am natürlichsten den Eindruck eines Europäers und Weltmannes machte.

Die Geselligkeit, in die wir durch die Prinzen in Leipzig und Umgebung hineinkamen, blieb trotz gesteigerten Betriebs weiter provinziell. Allerdings gab es Ausnahmen. Zu diesen gehörte ein Besuch mit dem Prinzen Hans beim Grafen Friedrich Vitzthum in Schön-Wölkau. Hier lebte noch das Sachsen Augusts des Starken und des Grafen Brühl, des Zwingers und der Dresdener Hofkirche, ein Sachsen, das politisch und als Kulturzentrum eine Großmacht gewesen war. Das Schloß hatten Friedrichs Panduren im Siebenjährigen Krieg verwüstet; und seitdem war der Festsaal zum ewigen Gedächtnis so verblieben, wie ihn die Preußen verlassen hatten, mit Bajonettstichen in den Bildern der Kurfürsten und dem seidenen Wandbehang und Einschlägen in der italienischen Stuckdecke, auf die die Soldaten aus Übermut ihre Flinten abgeschossen hatten. Alle andern Räume waren wieder wie vor 1757: hell und feierlich, Weiß und Gold; gepuderte Lakaien bedienten. Das Tischtuch an der runden Tafel, an der wir in einem Kreis von zehn Personen saßen, bestand aus einem Beet dunkelroter Rosen, in die die silbernen Teller, Leuchter, Aufsätze eingebettet standen. Obwohl in der Dämmerung die Bäume draußen im Park noch schattenhaft sichtbar waren, brannten schon die Kerzen und schlossen den Raum um uns zu einer Insel ab. Der Prinz schwelgte in Erinnerungen; einige an die galante Zeit seiner Vorfahren und ihrer Hofhaltungen in Dresden und Warschau waren höchst pikant. In jener fernen, prunkvollen katholischen Barockwelt wurzelte das sächsische Königshaus; nur war das alles schon gespenstisch, und zur deutschen Gegenwart führte keine Brücke.

Der studentische und gesellige Hochbetrieb um die Prinzen schenkte mir innerlich kaum mehr als die freundschaftliche Annäherung an zwei sympathische junge Menschen und einen beunruhigenden Einblick in die Hohlheit des angeblich so kräftigen dynastischen Volksempfindens, auf das Bismarck die Reichsverfassung gestellt hatte. Meine wirkliche Fortentwicklung ging in den Seminaren einzelner Professoren vor sich, bei Brentano, Wach, Springer, Wundt, und in langen Diskussionen auf der Kneipe oder beim Nachhausegehen mit drei oder vier Freunden, Gustav Richter («Musch»), Alfred Nostitz, Eberhard Bodenhausen, der, wie schon erwähnt, «Preuße» war, aber in Leipzig sein Examen vorbereitete; später, bei gelegentlichen Besuchen, mit Gerhard Mutius und seinem Vetter, dem Grafen Hans Harrach, die beide noch Gymnasiasten in Schulpforta waren. Bei Brentano, der wegen seiner sozialen Tendenzen von gewissen Leipziger Kreisen heftig befeindet wurde, setzte ich meine Untersuchungen über Arbeiterversicherung und Zustände in Fabriken fort. Wach fesselte uns durch seinen Geist und Sarkasmus; bei ihm erschien das Recht wie ein fließendes, nie erstarrendes Gebilde, das einem immer dann durch die Finger glitt, wenn man es zu fassen meinte. Er belegte die Widersprüche von Recht und Gerechtigkeit mit witzigen Beispielen, zeigte überhaupt, wie problematisch der Begriff der Gerechtigkeit sei. Binding, bei dem ich ebenfalls hörte, trieb in seinen Strafrechtsvorlesungen diese Unterscheidung zwischen Recht und Gerechtigkeit bis ins Paradoxe. Ich hatte ein Gefühl, als ob das Recht in solcher Auslegung zu einer Schule der Gesinnungslosigkeit werden könnte; und obwohl Wach und Binding mich durch ihren Geist anzogen, hatte ich doch am meisten von Springer und Wundt.

Springer, der ein alter Demokrat und großdeutscher Feuerkopf war, hatte sich aus der Politik in die Kunstgeschichte zurückgezogen, aber sein Temperament in die Fachwissenschaft mitgebracht. Seine Vorträge waren Reden. Er behandelte uns wie ein Parlament. Er fühlte sich als Parteiführer und kämpfte leidenschaftlich gegen die feindliche Fraktion, als deren Oberhaupt er Hermann Grimm in Berlin anprangerte: Was dieser seinen Schülern und Leserinnen (er betonte *«Leserinnen»*) vortrage – dabei schmiß er Grimms «Rafael und Michelangelo» knallend aufs Katheder –, sei «Geschwätz», mißglückter historischer Roman, Kolportage. Genau das Gegenteil tue not: die Kunstgeschichte zu einer Wissenschaft erheben, die in Laboratorien Tatsachen ebenso einwandfrei registriere wie die Biologie oder Chemie. Gerade sie sei die einzige Geisteswissenschaft, die, mit Ausnahme vielleicht der experimentellen Psychologie, wirklich wissenschaftlich arbeiten könne; denn weder die politische Geschichte noch die der Literatur seien im wahren Sinne Wissenschaften. Dagegen die Kunstwissenschaft verfüge über Dokumente, die ebenso unanfechtbar seien wie Schädelformen oder Gesteinsarten, nämlich die «Handschriften» der Künstler und Kunstschulen. Wie keine zwei Eichen dieselben Äste oder Blätter trügen, so formten auch nie zwei Künstler oder Kunstschulen einen Ohrlappen, eine Gewandfalte genau gleich. Aus einem Kunstwerk diese einmaligen Formen herausziehen, die wie Fingerabdrücke seinen Urheber, den Ort und die Zeit seiner Entstehung anzeigten, sie zu Steckbriefen zusammenstellen und an ihrer Hand die Überlieferung nachprüfen, das war für ihn Ausgangspunkt und sichere Grundlage der Kunstwissenschaft. Alles andere: die Einfühlung in die Kunst als solche, die Bewertung des einzelnen Kunstwerkes nach ästhetischen oder weltanschaulichen Gesichtspunkten, kam hinterher und lag außerhalb der Wissenschaft. Was er vortrug, war also weniger eine Einführung in die Kunst als eine Untersuchung ihres Formwandels, eine Morphologie der Kunst. Auf ein Bild von Dürer oder Rembrandt angewendet, erschien diese Methode im ersten Augenblick pedantisch, ja fast grotesk; in Wirklichkeit führte sie in den Kern jeder Kunst, denn sie zwang, die Aufmerksamkeit auf die Form zu konzentrieren und nicht an sogenannten «Inhalten» klebenzubleiben oder in luftigen philosophischen Phantasien zu schwelgen. Springer und seiner unbeirrbaren Einstellung auf die Form ist es hauptsächlich zu danken, daß die deutschen Kunstgelehrten, von denen die meisten seine Schüler waren, jahrzehntelang als die zuverlässigsten Experten galten und die deutschen Museumsdirektoren als die für jede echte Kunst aufgeschlossensten. Leider starb er noch vor Abschluß meines Studiums. Sein Famulus Steinmann, der ihn wie einen Vater liebte, führte mich an den Sarg, in dem er mit schmerzlich verklärtem, aber zum erstenmal friedlichem Gesicht lag; denn im Leben war er stets und überall ein Kämpfer: sein Auge blitzte, und seine Worte zündeten wie Flammen.

Eine Folge meiner Arbeit bei Springer waren wiederholte Reisen nach Italien in diesen und den darauffolgenden Jahren. Der seltsame Zauber des Landes nahm mich wie so viele andere gefangen. Es war nicht bloß der Süden, die lachende Landschaft, der Himmel, die Milde der Luft, die mich beglückten, sondern mehr noch ein Gefühl der Befreiung aus einer Welt, wo fast alles künstlich, ein Produkt der Dressur war, in einem Lande, wo alles natürlich schien, vom Herzenstakt des Landmanns bis zu den zartesten Blüten der Kultur in Kunst und Lebensweisheit. Man atmete auf, wenn man eintrat in diese Welt, wo die Verbindung zwischen Volk und Kultur, zwischen Volk und Weisheit nicht über den Bildungsumweg ging, sondern immer unmittelbar – oder gar nicht – war und wo deshalb in den größten und höchsten wie in den einfachsten und gewöhnlichsten Dingen als Untergrund des Lebens Natürlichkeit herrschte. Doch eine Natürlichkeit, die nicht primitiv, sondern im Gegenteil erfahren war – die wie die göttliche Naturstimme eines Caruso gegen zwei Jahrtausende Kultur und Virtuosentum sich siegreich behauptet hatte.

Ich glaube, daß dieser naive und tief besinnliche, ja religiöse Kontakt mit Natur und Leben als Grundeigenschaft der italienischen Kunst mir zuerst vor Giottos «Gastmahl des Herodes» in Santa Croce in Florenz aufging. Alle schwermütige Musik der Welt schien in eine einzige Bewegung, in die Haltung und den Bogenstrich des Musikers, der den Tanz der Salome begleitet, hineingezaubert. Und wenn man dem Geheimnis nachging, warum der Ausdruck so ins Allgemeine und Mystische wuchs, so war es, weil für die Versunkenheit des Jünglings in seine innere Musik eine so einfache und selbstverständliche Geste gefunden war, daß seine Seele ohne Hülle offenzuliegen schien und man in sie und noch durch sie hindurch in die Schwermut, die allen Menschenseelen eigen ist, hineinsah. Doch war diese Natürlichkeit der italienischen Kunst etwas anderes als unser Naturalismus oder Realismus; sie wollte nicht exaktes Detail, sondern den Eindruck eines aufmerksam, aber naiv beobachtenden Zuschauers geben: man sah einen Vorgang, eine Haltung, ein Gesicht, auch die Farben und das Linienspiel wie mit den Augen eines Kindes, für das die Welt noch neu und voller Wunder ist.

Der Ursprung dieser seit dem dreizehnten Jahrhundert konstanten Eigenschaft des italienischen Lebens, einer schönen tiefen Natürlichkeit, war durch Untersuchungen von Thode, Sabatier und anderen geklärt worden. Sie zeigten überall, in Poesie, Kunst, Religion, Humanität, als Beseeler an den Anfängen einer eigenen italienischen christlichen Kultur die große und rührende Figur von Franz von Assisi; und als das Neue, das er kündete und heraufführte, eine doppelte Naturnähe: Hingabe an die Natur, die dem Menschen als die Schöpfung, als Schöpfung Gottes gegenübersteht, und Hingabe an sein eigenes Herz, das ebenso wie das Weltall ein Werk Gottes, ein mit Staunen und Ehrfurcht zu erlebendes Wunder ist. «Oh, welch große und seltene Auszeichnung ist es, seine eigene Seele zu kennen! Nur Gott kennt sie und der, dem Er sie offenbaren will», sagt ein früher Jünger von Franz von Assisi: eine mystische, franziskanische Antwort auf das «Erkenne dich selbst» des Delphischen Orakels. Die Armut, die Franz von Assisi predigte, der restlose, furchtlose Verzicht auf weltlichen Reichtum, diente der Entschleierung, Entblößung, Freilegung des Herzens, damit es vor sich und Gott nackt dastehe und der unermeßliche, unvergleichliche Reichtum von Gottes Schöpfung unbehindert, wie eine Sturmflut, die einen Damm gesprengt hat, hereinströme.

> Pfeile, durchdringet mich,
> Lanzen, bezwinget mich,
> Keulen, zerschmettert mich,
> Blitze, durchwettert mich!
> Daß ja das Nichtige
> Alles verflüchtige,

Glänze der Dauerstern,
Ewiger Liebe Kern.

So spricht im «Faust» der Bruder Ägidius, von dem auch das oben zitierte Wort stammt.[1] Wenn Franz die Schwalben als seine Schwesterchen bezeichnete oder zu den Fischen wie zu seinen Brüdern predigte oder den Wolf, der in die Herden von Gubbio einbrach, als «Bruder Wolf» anredete, ja, vom «Bruder Schmerz» oder der «Schwester Flamme» sprach, so waren es nur Symbole für seinen leidenschaftlichen Glauben, durch den er sein Jahrhundert umwälzte, daß Eines not tue, die unbehinderte Zwiesprache der Seele mit sich und Gott und Seiner Schöpfung. Jedes Stück Natur erschien ihm als Werk Gottes und daher in sich vollendet und in Demut preisenswert und heilig.

Gelobet seist du Herr
für alle deine Geschöpfe,
besonders für meine Herrin, Schwester Sonne,
weil du durch sie den Tag werden läßt und uns leuchtest,
und weil sie schön ist und von großem Glanze strahlt.

Gelobet seist du Herr für den Bruder Wind
und für die Luft
und die Wolke,
für den Bruder Mond und die Sterne;
in den Himmel hast du sie gesetzt
hell, kostbar und schön.

Gelobet seist du Herr für unsere Schwester,
Mutter Erde,
die uns nährt und trägt
und vielfache Frucht hervorbringt
und bunte Blumen und Gräser ...

---

[1] «Pater Ecstaticus», wie er im «Faust» heißt, war nach den «Fioretti» eine franziskanische Bezeichnung für den frühen Genossen und Freund von Franz von Assisi, Bruder Ägidius.

So sang Franz selbst in seinem Sonnenhymnus, der der Ausdruck eines neuen, vom byzantinischen oder frühmittelalterlichen völlig verschiedenen Verhältnisses zur Natur war.

Franz von Assisi fesselte mich lange Zeit mehr als jede andere geschichtliche Figur; und sein Naturgefühl erscheint mir noch heute als der Grundton, der nicht nur der Kultur Italiens, sondern auch der ganzen europäischen Dichtung und Kunst ihre besondere, sie von denen der Antike und des Orients unterscheidende Klangfarbe gab. Meine nahe Beziehung zu ihm war der größte Gewinn, den meine Arbeit bei Springer mir einbrachte.

Wundt war in Haltung und Temperament das genaue Gegenteil von Springer: ein stiller Stubengelehrter, der sogar auf dem Katheder nie laut sprach. Er galt für den bedeutendsten lebenden Psychologen. In Wirklichkeit war er mehr: ein umfassender Geist, wie es kaum einen zweiten in Europa gab. Wie Springer den Formenwandel in der Kunst zum Gegenstand seiner Wissenschaft gemacht hatte, so Wundt den Gestaltenwandel der Ideen in den einander ablösenden Religionen und Philosophien. Und wie Springer jedes Werturteil im Prinzip als unwissenschaftlich ablehnte, so beschränkte sich Wundt ebenfalls grundsätzlich auf eine objektive Schilderung der Gedankengebäude, die im Laufe der Geschichte von ganzen Völkern oder schöpferischen Einzelnen wie Notbauten gegen das drohende Chaos errichtet worden sind. – Zu einer solchen Schilderung gehörte notwendig auch die der Fundamente solcher Konstruktionen, das heißt ihrer Vorbedingungen in der menschlichen Seele. So wurde zum Ausgangspunkt der wissenschaftlichen Philosophie oder Weltanschauungskunde die Psychologie. Mit Hilfe von Apparaten und Experimenten, die er zum großen Teil selbst ausgedacht hatte, untersuchte er in seinem Seminar die seelischen Vorgänge und ihre materiellen Träger, die Nerven und Sinnesapparate, die Intensitätskurven der Gefühle, die Schnelligkeiten von Gedankenverbindungen und Reflexen, die Geheimnisse der Willensbildung und Beeinflussung, der Suggestion und Hypnose, kurz alles, was sich im Rahmen der «Seele», sowohl des Einzelnen wie von Gruppen oder Massen oder ganzen Völkern, abspielt. Die einfachsten Elemente, sozusagen die Atome und Moleküle der Seele wurden ausgesondert, um einen festen Ausgangspunkt für die Erforschung der dem Experiment nicht oder noch nicht zugänglichen komplizierten Schöpfungen der Völker, Dichter, Philosophen zu gewinnen.

Wundt schien auf dem Katheder fast so unpersönlich wie einer seiner Apparate. Die Ellenbogen auf das Pult gestützt, die Hände unter dem Metall und Glas der Brille kaum merklich bewegend, entwickelte er mit einer leisen, aber deutlichen Stimme, die nie ein Affekt trübte, kristallklar das Resultat seiner Untersuchungen. Erst wenn man in diesen durchsichtigen hellen Strom eingetaucht war, merkte man seine Gewalt, die einen forttrug, bis man dort war, wo Wundt einen haben wollte, auf dem Punkt, von dem aus alle Ideen der Menschheit in einer unermeßlichen Verzweigtheit wie ein einziges organisches Gebilde erschienen, dessen Wurzeln die einfachen seelischen Reaktionen von einzelnen oder Massen waren, dessen Spitzen aber in die Wolken reichten. Daß dieses Bild zum Teil, wenigstens vorläufig, eine Fata Morgana war, sah niemand deutlicher als Wundt; er war sogar bemüht, auf die Lükken und Unzulänglichkeiten in seinen Untersuchungen hinzuweisen, allerdings in der Überzeugung, die Wissenschaft werde sie ausfüllen und richtigstellen.

Die Wirkung war zunächst eine ungeheure Erweiterung des Ausblicks. Wir fühlten uns auf einen Berg versetzt, von wo die ganze geistige Entwicklung der Menschheit weit unten wie in einem Tal vor uns ausgebreitet lag – oder richtiger, wie ein ungeheurer Gebirgszug mit Hunderten von Gletscherspitzen und unwegsamen Abgründen vor uns aufstieg. Der Blick war erhaben und furchtbar. Denn alles war nur Menschenwerk; kein Stern leuchtete über dieser Landschaft, keine Sonne wärmte sie, und die Menschen, die in den Tiefen ihrer Schluchten wohnten, sahen nicht einmal ihre Eisgipfel. Wenn man nachdachte, erschrak man über die Sinnlosigkeit des Ganzen. Es war ein Klima, das nur für Gedankenlose oder Helden gesund war, mörderisch für die, die schwach waren und grübelten.

In die Richtung auf eine geistige Eiszeit entwickelte sich ganz Europa. Überall welkten in der neuen Atmosphäre die alten Glaubenssätze und Vorurteile, Sitten und Gebräuche. Wundt war einer von den Bahnbrechern dieser gewaltigen geistigen Revolution, die unwiderstehlich fortschritt und in andern Ländern von Denkern, Forschern und Schriftstellern wie Taine, Ibsen, Strindberg und in England sonderbarerweise gleichzeitig vom Darwinforscher Huxley und dem tragischen Exzentrikclown Oscar Wilde geführt wurde. Über alle menschlichen und geistigen Verschiedenheiten und Gegensätze hinweg verband diese Geister die Stoßkraft, mit der sie das Alte, Hergebrachte berannten. Wir jungen Menschen genossen einerseits die neue Ungebundenheit und wollten andererseits am Aufbau einer von überlebten Anschauungen gereinigten Welt tätig teilnehmen. Welche von beiden Tendenzen überwog und schließlich siegte, hing vom Charakter eines jeden, oft auch von zufälligen Erlebnissen ab. Für beides bereitete den Boden in uns die Zeit. Denn weit über die Grenzen der Moral hinaus erstreckte sich die Zeitwende. Parallel mit der geistigen Revolutionierung des gebildeten Mittelstandes durch Abwertung der moralischen Werte ging die technische des Lebens durch immer neue, immer umwälzendere Erfindungen und die politische der Arbeiter durch die Ausbreitung und Organisierung des Marxismus. Etwas sehr Großes, das alte, kosmopolitische, noch vorwiegend agrarische und feudale Europa, die Welt der schönen Frauen, galanten Könige und dynastischen Kombinationen, das Europa des achtzehnten Jahrhunderts und der Heiligen Allianz, wurde alt und krank, neigte sich zum Sterben; und etwas Neues, Junges, Kräftiges, noch Unvorstellbares kündigte sich an. Wir fühlten es wie einen Frost, wie einen Frühling in unsern Gliedern; die einen dumpf, die andern scharf – glückverheißend oder schmerzlich. Symptomatisch war der Erfolg eines Romans in Form einer Rückschau aus dem Jahre 2000 von einem Amerikaner, Bellamy, der in verführerischen Farben die neuen Zeiten, die im Kommen waren, schilderte. Er bestärkte uns in der Zuversicht, daß der nicht mehr zu vermeidende Neuguß der Welt sich fast festlich wie ein Glockenguß vollziehen werde. In uns entstand ein geheimer Messianismus. Die Wüste, die zu jedem Messias gehört, war in unseren Herzen; und plötzlich erschien über ihr wie ein Meteor Nietzsche.

In mir und noch vielen anderen versengte er die letzten noch übriggebliebenen Halme des Kindheitsparadieses. «Menschliches, Allzumenschliches» und «Jenseits von Gut und Böse» wirkten zunächst radikal nihilistisch. Jetzt erst merkte ich, wieviel von meinem Leben noch aus Überresten kindlichen Glaubens wuchs, aus Wurzeln, die ich kaum noch beachtet hatte. Mit einer Art von masochistischer Wut ging ich daran, sie auszujäten. Der jüngere Bruder von Gustav Richter, Raoul, der Philosphie und Biologie studierte und ein scharfer kritischer Verstand war, unterstützte mich nächtelang bei dieser Arbeit. Ich geriet in Gefahr, jeden Halt zu verlieren. Da geschah etwas, das den Abgrund, dem wir zusteuerten, furchtbar erhellte.

Einer von unseren Freunden, ein junger Mensch von knapp zwanzig Jahren, der einen sehr bekannten Namen trug – unter uns nannten wir ihn «Tin» –, tötete seine Freundin und verletzte sich selbst bei einem anschließenden Selbstmordversuch lebensgefährlich. Eine alltägliche Geschichte, wenn ihr nicht gewisse Umstände einen symbolhaften Charakter verliehen hätten. Er war ein Berliner Junge, von der Reichshauptstadt geformt und, wie er selbst ironisch zu sagen pflegte, «ausgekocht». Er hatte Talent zum Feuilleton, lehnte sich im Stil an Heine an, redete gescheit über ethische und psychologische Probleme und war im damals geltenden Sinne oberflächlich «modern, ohne sich, wie es schien, je mit einem modernen Denker oder Dichter wie Nietzsche oder Ibsen ernsthaft befaßt zu haben. Die Luft der Zeit hatte er sozusagen im Schlafe eingeatmet, gerade deshalb aber vielleicht mehr von ihr in sich aufgenommen als die, die wach und bewußt in ihr herumgingen. Nebenbei litt er an Geldnot, verschleierte das aber unter einem Mantel von Zynismus.

Seine Freundin war die Tochter einer Beamtenwitwe aus der Provinz und mußte, wie sie sagte, für diese und eine Schar junger Geschwister sorgen. Sie war in ihrem Auftreten korrekt, aber wenn Geld winkte, zügellos. Ein süßes, zartes, blasses Gesichtchen mit grauen Augen und, wenn sie zuhörte, etwas rührend Hilflosem im Ausdruck, das allerdings sofort einer gespannten Entschlossenheit wich, sobald sie anfing zu sprechen oder rechnen. Sie trug, als Tin sie mir vorstellte, ein hochgeschlossenes schwarzes Kleid mit einem weißen steifen Leinenkragen, der ihr das Aussehen einer kleinen Gouvernante gab. Nachdem Tin meinen Namen und den ihren, «Leo-Meo», genannt hatte – eigentlich hieß sie Meißner –, legte sie die Hand, eine kleine, knochige, auf den Tisch und sagte scharf: «So, Sie sind also Tins Freund! Wir wollen hoffen, daß wir uns verstehen!» Ich hob ihre Hand, um einen prachtvollen Brillantring zu betrachten, der wenig zum Kleid zu passen schien. Sie ließ ihn mich lange bewundern; dann erläuterte sie: «Das Geschenk eines Freundes! Ich bin nämlich käuflich! Tin weiß das.» Sie blickte böse, und der Mund, der klein und schmal war, zog sich fester. Sie fügte hinzu: «Ihr Freund ist lieb. Aber dumm, *dumm!* Warnen Sie ihn vor mir!» Tin wurde rot wie ein kleiner Junge, nahm ihren Kopf und küßte sie lange auf die Lippen. Sie sah auch in diesem Augenblick noch immer aus wie eine Gouvernante; aber gleichzeitig schienen ihre Lippen die von Tin einzuschlürfen. Dann faßte sie meinen Arm, drückte ihn krampfhaft und wiederholte: «Warnen Sie Tin vor mir! Sie sind sein Freund. Auch ich habe ihn wirklich gern; ich muß aber Geld verdienen. Ich kann ihm nicht treu bleiben!» Sie schien Tränen in den Augen zu haben und schwieg eine Zeitlang, während sie Tin und mich beobachtete.

Er las zu jener Zeit «Raskolnikoff». Das Buch warf ihn um. Dostojewskis «Sonja», die Dirne, die Mutter und Geschwister ernährt, und Raskolnikoff, der sie «rettet», ließen ihn nicht los. Er entwickelte aus diesen zwei Figuren eine ganze Weltanschauung, irgendeine Art von neuem Evangelium; allerdings indem er bemüht war, nicht zu zeigen, ob er es ernst meinte oder mehr als paradoxen Bluff, und zwischendurch über sein «hochmodernes Christentum» sich selbst lustig machte. Die Meißner hörte aufmerksam zu, dann unterbrach sie: «Du redest wie ein Pastor! Der Frau in deinem Roman fehlt nichts, als daß Raskolnikoff ein armer Teufel ist. Wenn sie einen reichen Freund hätte, würde sie nicht auf die Straße gehen.» Sie schien in Gedanken zu versinken. Tin nahm mich beiseite: «Die Miete ihrer Mutter ist fällig. Pump mir zwanzig Mark. Übrigens glaub bloß nicht, daß ich auf den ganzen Quatsch hereinfalle. Wir spinnen beide ein wenig. Aber mir macht das Theater Spaß. Und das Mädchen hat einen guten Kern!»

Bald darauf begann Tin bei uns unregelmäßig zu erscheinen. Viele Abende verbrachte er ganz mit der Meißner. Er las mit ihr Dostojewski und das Neue Testament. Das letztere, wie er spottete, um die Konfirmandin in ihr wieder aufzufrischen. Gelegentlich traf man sie zusammen in irgendeinem Bierlokal. Sie waren beide von Mal zu Mal gedrückter. Als die Meißner ihn einmal fragte, warum er so mürrisch sei, zitierte er als Antwort die Stelle aus Heines «Buch Legrand»: «Madame, wenn ein Mann sich totschießen will, so hat er dazu immer hinlängliche Gründe, darauf können Sie sich verlassen! Aber ob er selbst diese Gründe kennt, das ist die Frage.» Sein Gassenbubenhumor, mit dem er bis dahin nur gespielt hatte, fraß sich in ihn hinein und wurde bitter und böse. Geld hatte er; er hatte welches aufgenommen.

Sie ging jetzt, seitdem er sie bezahlen konnte, auf alles ein, was er wollte; übertrieb sogar in seinem Sinne die Rolle der büßenden Magdalena. Da sie aber gleichzeitig ebenso rücksichtslos und kalt wie früher Geld von ihm forderte, wirkte sie zugleich scheinheilig und frech. Ob Tin das empfand, war nicht sicher. Er reichte ihr, was sie verlangte, mit einem Witz hin: «Leo-Meo, sieh dich vor, der Teufel verkauft mir dein Seelchen auf Abzahlung!» Vielleicht wurde er gerade deshalb noch höriger. Um so größer war das Staunen, als sie eines Tages plötzlich nicht mehr mit ihm, sondern mit einem seiner besten Freunde, einem jungen wohlhabenden Ungarn, «Arpad», ausging. Bald darauf teilte Tin mir mit, daß sein Verhältnis mit der Meißner zu Ende sei. Er zitterte wie im Fieber, weinte und schluchzte, wollte sich rechtfertigen. Ich müßte doch verstehen, bitte, bitte nur verstehen, der Bruch sei notwendig gewesen. Wenn sie zusammengeblieben wären, wäre sie von neuem auf die Straße gegangen. Er sei mit seinen Mitteln zu Ende. Arpad könne sie über Wasser halten und eine anständige Frau aus ihr machen. Er wühlte in seinem Schmerz. Er habe versprochen, sie nie wiederzusehen. Wie solle er das aushalten? Dann redete er wirr von Raskolnikoff, Christus, Schopenhauer, Tristan. Er war von allerhand Weltanschauungen infiziert. Das Opfer, das er der «Rettung» des Mädchens brachte, wuchs mehr aus der Einfühlung in Raskolnikoff als aus seinem eigenen Fleisch und Blut, aber trotzdem ins Übermenschliche. Bald zeigte sich, daß es über seine Kraft ging. Nach kurzer Zeit begann er heimlich, das Mädchen wiederzusehen.

Sie schrieb ihm, so fing es an, einen Brief, daß Arpad «ein wilder Ungar» sei, nur in Varietés mit ihr herumziehe, ihre Seele ganz vernachlässige; sie brauche «von ihrem liebsten Mann», nämlich Tin, eine moralische Stütze, um anständig zu bleiben. Dann sahen sie sich zuerst «nur, um miteinander zu reden». Aber bald geschah das Unvermeidliche, sie begannen ein neues Verhältnis und ließen es, was weniger natürlich war, vom ahnungslosen Arpad finanzieren. Ich hörte davon und machte Tin Vorstellungen. Er saß da mit leeren Augen und schwieg; offenbar verstand er nicht, was ich sagte. Die Meißner aber führte unbefangen aus (sie lag noch im Bett): Bekanntlich gelte in der Liebe kein Ehrenwort. Und was Arpads Zuschüsse anbelange, so sei sie zu ihm genauso lieb, wie wenn es Tin nicht gäbe. Niemand komme dabei zu kurz. Sie aber brauche Tin sowohl wie Arpad, um anständig zu werden. Tin hörte alles schweigend an; er schien in sich versackt. Man sah, während sie durch seine großen Reden und Verheißungen zu einer Fanatikerin des moralischen Scheins geworden war, für den sie jetzt über Leichen ging, war bei ihm das Gegenteil eingetreten: die zuerst nur mehr oder weniger paradoxe und intellektuelle Ablehnung der geltenden Moral war, seit er Arpad betrog, in «Moral insanity», in eine Art von Stumpfsinn, von Stumpfheit gegen jede Art von moralischen Antrieben oder Hemmungen abgeglitten. Er war wie jemand, der ein Sinnesorgan verloren hat und deshalb auf bestimmte Reize nicht mehr reagieren kann; oder auch wie wenn er in weiter Ferne, in einer fremden Welt lebte und den Mut und die Hoffnung verloren hätte, sich andern verständlich zu machen.

Als Arpad erfuhr, wie er hintergangen wurde, wollte er sich zuerst mit Tin schießen, dann ihn wenigstens aus unserm Kreis ausstoßen lassen; schließlich begnügte er sich damit, sich als Weltmann zu rächen, indem er ihm die Meißner mit einem Brief als «sein Eigentum» wieder zuschickte. Es war eine Rache, die, wie ihre Folgen ergaben, weit über das Ziel hinausschoß und nicht nur die Meißner, sondern fast auch Tin und Arpad selbst das Leben kostete.

Sie erschien mit Arpads Brief bei Tin zur Nacht. Ich war zufällig zugegen. Sie trug das kleine schwarze, weißgesäumte Gouvernantenkleid, in dem er sie mir vorgestellt hatte. Ihre ersten Worte waren: «So, Tin, nun mußt du wieder für beides sorgen, für meine Seele und meine lieben Angehörigen. Arpad hat mich hinausgeschmissen. Hier ein Brief von ihm!» Tin wurde feuerrot, dann sagte er nur: «Gut, du bleibst bei mir», und öffnete den Brief, las und zerriß ihn. Die Meißner machte sich gleich an der Teemaschine zu schaffen. Sie schien ganz unbeteiligt. Dann, als das Wasser kochte, öffnete sie ihr Jackett und zeigte am Halse zwischen zwei herben, apfelrunden kleinen weißen Brüsten einen weißen Fleck: «Sieh, den hab' ich davon! Von Arpad mit dem Brief für dich. Ich soll ihn dir schenken.» Tin stürzte sich auf das kleine Mal und küßte es. Dann drängte er mich zur Tür hinaus und sagte: «Das ist das Ende!»

Es war der Anfang vom Ende. Das lange Sterben zog sich den Sommer hin. Sie schien zuerst Tin treu bleiben zu wollen. Sie hatte Augenblicke einer sonderbaren Süßigkeit, als ob der Traum, den Tin in sie gepflanzt hatte, schon echte Knospen triebe. Sie wollte von Tin ein Kind haben. Vielleicht sah sie einen neuen Weg zu ihrem Ziel. Mir sagte sie: «Tin ist so herunter, er wird seine Sorgen nicht mehr lange tragen können. Seine Freunde sollten ihm zu Hilfe kommen. Ihr habt doch alle Brüderschaft getrunken!» Aber als sie auch so nichts erreichte und Tin immer weniger Geld für sie übrig hatte, weil seine Schulden ihn erstickten, trat ein Umschwung bei ihr ein. Zuerst vorsichtig, dann kaum versteckt, suchte sie nach einem neuen Liebhaber. Tin erfuhr davon mehr, als er merken ließ. Seine Gesichtsfarbe wurde sonderbar grau; im heißen Sommer saß er frierend in einen Pelz gehüllt. Er übernahm sich mit Schlafmitteln. Wie er mir einmal sagte, ertrug er nicht die Vorstellung, daß dieser Körper, der so göttlich war, den er liebte, im Rinnstein enden werde. «Dann soll sie lieber gleich sterben!»

Eines Tages, Mitte August, kündigte sie ihm durch eingeschriebenen Brief ihr Verhältnis. Sein Geld sei zu Ende, sie aber habe immer noch ihre Verpflichtungen. Es werde bereits für sie gesorgt. Sie könnten sich aber nicht mehr sehen. Ganz trocken und geschäftlich war das, wie von einem Rechtsanwalt aufgesetzt, ohne ein Wort des Bedauerns oder Abschieds. Er stürzte zu ihr. Nach einer furchtbaren Szene warf sie ihm den Lampenschirm an den Kopf. Gebrochen und ohne Stimme kam er nach Hause, so erzählte seine Wirtin, und habe bis um zwei Uhr morgens in seinem Zimmer getobt. Wenn er ganz erschöpft war, fiel er in einen Sessel und rief in klagendem Ton: «Leo! Leo!» Plötzlich sprang er wieder hoch, rannte auf und ab und brüllte: «Was soll ich mit ihr machen?» Ihr Bild als Straßendirne bohrte sich in ihn ein und wuchs zu einer alle Wirklichkeit auslöschenden Zwangsvorstellung, so daß er mit den Fäusten gegen die Wand schlug und dabei die Meißner zu schlagen glaubte. Er sah sie in Leipzig, in Berlin, in St. Pauli, in Nachtcafés, an Straßenecken, unter Lichtreklamen, in Bordellen, mit Lebemännern, mit Matrosen, mit Zuhältern – und immer das kleine schwarze Gouvernantenkleid oder den zarten weißen nackten Mädchenkörper.

Um zwei war sein Entschluß gefaßt. Er wurde ruhig, setzte sich und schrieb bis um halb sieben Abschiedsbriefe. Dann zog er sich sorgfältig an, er hatte immer großen Wert auf seine Kleidung gelegt (vielleicht schwebte ihm auch das übliche Verhalten von Selbstmördern in Romanen vor), frühstückte und ging anscheinend ebenso ruhig wie sonst aus dem Hause und schnurstracks zur Meißner. Sie lag noch zu Bett. Er forderte stürmisch, daß sie ihn zu sich lasse, sonst werde er sich jetzt sofort vor ihren Augen erschießen. Sie lachte, drehte sich gegen die Wand und höhnte: «Dann schieß nur zu! Du kannst es ja gar nicht allein; dazu bist du zu heruntergekommen!» Er schrie: «Gut, dann kommst du mit!» und drückte auf sie los. Er sah dabei, wie er sagte, gar nicht hin. Sie sprang nur im Bett auf, und sofort schoß er sich selbst in die Brust. Er hatte sich ein Zeichen aufs Hemd gemalt, wo er sich ins Herz zu treffen glaubte.

An diesem Tag um zehn Uhr morgens wurde mir ein Zettel gebracht: «Tin hat sich erschossen. Hat noch wenig Zeit zum Leben, liegt hier. Komm gleich. Arpad.» Man hatte Arpads Adresse auf einem Brief in Tins Tasche gefunden. Als ich kam, streckte er mir die Hand entgegen und hauchte: «Verzeih!»

In den nächsten Tagen war ich viel bei ihm. Zuerst schwebten in seinem Bewußtsein nur Fetzen des großen Sturmes, der ihn umgeworfen hatte, wie einzelne verwehte Wolken: das Gesicht der Leo-Meo, als er fortgetragen wurde: es habe ihm zugegrinst (in Wirklichkeit war sie tot); das Versagen seines Augenlichtes beim Schießen: «Ich schoß in einen schwarzen Nebel», ein Brief, den er zur Meißner mitgenommen hatte und dringend zurückforderte. In den ersten Stunden schwamm das alles wie lose Brokken zwischen großen Strecken leerer Nacht. Die Vorstellung, daß die Meißner tot sei, vermochte lange nicht, die Schwelle seines Bewußtseins zu überschreiten; bis er eines Tages aufwachte und schrie: «Die Leo-Meo ist tot! Die Leo ist tot!» Er liebte sie noch immer. Um so unbegreiflicher war das völlige Fehlen von Gewissensbissen. Sogar er empfand das als etwas Unnatürliches: «Wie wenn aus meiner Wunde kein Blut geflossen wäre, aber, ehrlich, ich fühle nichts.» Es zeigte sich, wie in seiner Sache mit Arpad, daß er die Fähigkeit, moralisch zu reagieren, verloren hatte. Er verglich sich selbst mit Peter Schlemihl, nachdem der Teufel ihm seinen Schatten gestohlen hatte.

Die Tötung einer Dirne durch einen adligen Studenten war eine Sensation. Tins Name, seine Beziehungen erlaubten, ihn als Typ der jungen Leute aus gutem Hause hinzustellen, denen Führerstellen sicher seien. Ein Teil der Presse benutzte die Gelegenheit, die moderne Jugend in Bausch und Bogen zu verdammen und den modernen, verderblichen Ideen, die bei ihr Eingang fanden, die Schuld an der Tat zuzuschreiben.

Unser Kreis wurde durch Tins Tat um und um gewühlt. Wenige Tage später versuchte Arpad, sich zu töten. Am wenigsten betroffen zeigten sich die Prinzen. Sie ließen Tin nicht einen Augenblick fallen. Im Gegenteil: der Prinz Max eilte aus den Ferien nach Leipzig, um zu helfen; und sein Bruder hielt fortlaufend brieflich und telegraphisch Fühlung. Sie waren von uns allen am sichersten und unbefangensten und daher die besten und zuverlässigsten Kameraden, weil sie fest in ihrem Glauben verwurzelt waren. Wir Wundtschüler aber, die gerade Nietzsche entdeckten, standen plötzlich vor Fragen, von deren Beantwortung fast alles für uns abhing: ob wirklich «moderne» Ideen Tin vergiftet hatten? Ob gar schon die Abkehr von den überlieferten genüge, um das moralische Gleichgewicht zu zerstören? Ob bei Tin nicht andere Faktoren wirksamer gewesen waren? Er selbst rechtfertigte seine Handlung durch das Milieu der Meißner: «Sie ging in ihrer Welt zugrunde, es gab keinen anderen Ausweg!»

Ich war in diese Unterwelt eingedrungen, als ich Meißners Wohnung nach dem Brief Tins durchsuchte. Das heißt, eine Wohnung war es eigentlich nicht, sondern bloß ein Absteigequartier: ein niedriges Zimmer mit einem geräumigen Bett und zwei tief eingedrückten Sofas und hinter einem Wandschirm sichtbar ein Bidet. Ein billiger Laden, in dem es fast so oft wie beim Friseur geheißen haben mochte: «Bitte, der Nächste!» Und wie die Unterkunft, so die Menschen: in Filzpantinen herumschlurfend die Hausmutter, die Witwe Seelchen, laut jammernd über ihre ruinierte Bettwäsche – sie müsse ihr ersetzt werden! Aber von wem? «Bitte, lieber, lieber Herr Doktor, sagen Sie mir bloß, von wem?» Hinter ihr neugierig lauschend zwei halbwüchsige Mädchen, deren rotgefärbtes Haar und dicke Schminke ihre Tätigkeit genügend deutlich verrieten.

Unter diesen Schlampen wirkte die Meißner mit ihrem sauberen, gespannten Gesichtchen wie ein Wunder auf Tin. «Die Leo-Meo war ein Gedicht!» sagte er mit einem traurigen Lächeln. «Vielleicht eins von mir! Ich habe verhindert, daß andere schlechte Verse hinzumachten.» Wirklich erschien sie vor diesem Hintergrund auch mir nachträglich anders als im Leben: unschuldiger in ihrer Rücksichtslosigkeit, wenn man den Sumpf sah, aus dem sie herausdrängte, rührender in ihrem kleinen schwarzen Gouvernantenkleid, in dem sie die kommende Anständigkeit vorwegnahm. Und doch, noch bis zuletzt schamlos, ein unerlöstes Stück Unterwelt. Für Tin verschmolz ihr Milieu vollständig mit dem von Dostojewskis Dirne Sonja. Es war in seiner Seele etwas Ungeformtes, Formsuchendes, Komödiantenhaftes, das ihn begierig machte, sich zeitweise ganz in einen andern zu verwandeln. So war er, wie er sagte, nach seinem Selbstmord in einer Blutlache aufwachend, bemüht gewesen, das Betragen des Helden in einem Roman von Niemann, den er kurz vorher gelesen hatte, nachzumachen. In der letzten Zeit vor der Tat fühlte er sich mehr und mehr als Student Raskolnikoff, dem die Rolle zufiel, die Meißner um jeden Preis, selbst um den eines Mordes, zu «erlösen».

Schuld an seiner Tat war daher gewiß im Grunde seine weiche und romantische Natur, die sich in Raskolnikoff einfühlte, wie in der Sturm-und-Drang-Zeit Hunderte deutscher Jünglinge in den jungen Werther. Doch nachdem er in die Figur hineingeschlüpft war, übernahm er auch ihre Weltanschauung gewissermaßen wie einen Teil ihrer Garderobe. Und von da an hatte ihn Raskolnikoffs Mischung von selbstherrlichem Gottmenschentum und grenzenlosem Mitleid mit den Verworfenen und Enterbten immer weiter auf die schiefe Bahn gedrängt. Denn diese frohe Botschaft eines neuen Christus (Raskolnikoff war Christus, wenigstens in Tins Augen, ein in der Gestalt des Studenten Raskolnikoff wiedergekehrter Christus) entsprach seinem brennendsten Wunsch und Bedürfnis: seinem Drang nach überlegener Sicherheit und gleichzeitig nach Rechtfertigung und Verklärung seiner kranken Liebe. Er glaubte in der fieberhaften Glut dieses neuen Christentums seine Geliebte und sich einer endlichen Läuterung entgegenzuführen; in Wirklichkeit haftete es ihm an wie ein Nessushemd und verzehrte ihn bis aufs letzte. Was nach der Tat von ihm übrigblieb, war ein Aschenrest, etwas Primitives, fast Tierisches, ein Häufchen stumpfer Verzweiflung. «Was *soll* aus mir werden? Was soll aus mir werden! Sie sperren mich ja rettungslos ein. Wenn man sein Leben zerstört hat, möchte man, daß es auch wirklich zu Ende sei!»

Das Furchtbarste war, daß bei ihm nach dem Zusammenbruch der Moral nicht wie bei Raskolnikoff ein Rest Religion, eine wenn auch nicht mehr moralische, so doch religiöse Beziehung zu den Menschen und zur Welt, eine Beziehung über Gott übrigblieb, sondern nichts, wirklich nichts als ein radikaler Nihilismus, dessen Sehnsucht nur Untergang sein konnte. In einer erregten Szene an seinem Bett wurde das erschreckend deutlich. Als jemand ihm mit einem Hinweis auf Raskolnikoff Mut zusprechen wollte, unterbrach er aufgeregt: «Verzeih, du übst dich am untauglichen Objekt. Ich bin kein Russe. Ich habe mir nur was vorgemacht! Ich war nie Raskolnikoff! Nie Christus! Die konnten ohne Moral auskommen. Die hatten Religion! Wir Deutschen haben keine Religion. Bloß einen Religionsersatz: Romantik.» In steigender Erregung fuhr er fort: «Wenn wir unsere Vorurteile, die gute Kinderstube, unsere preußische Disziplin, unsere verschiedenen Zwangsjacken ablegen, dann bleibt nur ein bodenloses Loch, in das man nichts pflanzen kann. Ich sage euch: hütet euch vor Dostojewski, hütet euch vor Nietzsche! Sie sind für Deutsche ungesund!» Der Rest ging in einem Hustenanfall unter, und plötzlich perlte über seine Lippen ein dünnes, hellrosa Fädchen. Seine Wunde war wieder aufgebrochen.

So Tin. Wir anderen fanden keine ganz eindeutigen Antworten auf die Fragen, vor die uns seine Tat stellte. Die Art, wie Raskolnikoff zu seinem Untergang beigetragen hatte, bewies nichts, als daß Ideen wie Bazillen auf bestimmten Böden Krankheitserreger werden. Alte erprobte Ideen machten hiervon keine Ausnahme. Fanatiker und Verbrecher wurden auch von alten Ideen, Religionen, Weltanschauungen angestiftet. Höchstens war das Hergebrachte, weil es schon alt war, oft wie wäßrig gewordener Wein verbraucht und dann allerdings weniger gefährlich als das Junge, Neue.

Aber war denn überhaupt die Gefährlichkeit einer neuen Idee ein Einwand gegen sie, nicht im Gegenteil manchmal ihr größter Vorzug? Ein Vorzug, weil sie die, die sie ausprobten, zwang, nicht bloß auf der Hut zu sein vor der Feindschaft alles Überlebten, Faulen, Muffigen draußen irgendwo in der Welt, sondern auch sich zu wappnen und stark zu werden gegen allerhand Ungeheuer, Drachen und Sirenen, die in ihrem eigenen Innern gezeugt wurden? Die Rolle der Gefahr als Erweckerin von Seelenkräften, die ohne sie schlummern würden: des starken und langen Willens, des Opfermuts, der Tapferkeit, die seelischen Abenteuern nicht aus dem Wege geht, lehrte uns Nietzsche. Der Nachweis, daß eine Anschauung gefährlich sei – menschlich, politisch oder sozial gefährlich –, überzeugte uns daher nicht ohne weiteres, daß sie auch schädlich sei. Im Gegenteil: Gefährdung – die Vorstellung von einer dem einzelnen oder der Gesamtheit drohenden Gefahr, gegen die Abwehr und Mut not tat – war der Grundstein der neuen Sittlichkeit Nietzsche-Zarathustras, einer Sittlichkeit, die im Heldentum statt in Gott wurzeln wollte. Ja, gerade die Ableitung einer Moral aus den Gefahren, mit denen die immer weiter fortschreitende Zivilisierung den Menschen bedrohte – aus dem Pessimismus und Nihilismus, in die die moderne Welt wie in giftige Nebelschwaden hineintrieb –, bezeichnete den Punkt, wo der Weg umbog, auf dem Nietzsche seiner Zeit voranleuchtete, wo er «unzeitgemäß» wurde und hinausführte in unerforschtes Gelände, über dem unbekannte Sterne aufgingen.

Unsere Generation war wohl die erste, die von Nietzsche tief beeinflußt wurde. Zu Anfang war unser Gefühl eine Mischung von angenehmem Gruseln und staunender Bewunderung vor dem Monsterfeuerwerk seines Geistes, in dem ein Stück nach dem anderen unseres moralischen Rüstzeugs in Rauch aufging. Wir empfanden seine Aphorismen wie Gegenstücke zu den glänzenden und verheerenden Paradoxen Oscar Wildes. Doch Tins Schiffbruch stieß uns brutal über eine bloß ästhetische Betrachtung philosophischer Probleme hinaus. Nachdem die Gefährdung durch die Zeit aus einer theoretischen Möglichkeit zu einer tragischen Erfahrung geworden war, wurde uns klar, daß das rauhe Klima des Jahrhundertendes eine andere Gesundheit und Härte der Seele erforderte als das weiche und romantische deutsche Biedermeier. Wir machten uns Gedanken, wie Tin hätte sein müssen, um nicht an Raskolnikoff zugrunde zu gehen; vor allem aber, wie wir selbst zu sein hätten, damit wir nicht zugrunde gingen. So erkannten wir, daß was uns not tat nicht oder jedenfalls nicht bloß eine neue Weltanschauung sei, eine neue philosophische oder religiöse Deutung des Lebens, sondern, wie Nietzsche sagte, vor allem «etwas Neues zu *sein*, etwas Neues zu *bedeuten*, neue Werte *darzustellen*» («Jenseits von Gut und Böse», Aph. 253), also ein Menschentyp, ein neuer Mensch, der der immer schneller rasenden Zeit mit ihren unbegrenzten Möglichkeiten und unerprobten Versuchungen aus sich selbst, ohne äußere, weltliche oder religiöse Stützen, gewachsen wäre. In diesem Sinne verstanden wir Nietzsches Satz, daß der «Mensch», das heißt der Mensch der letzten paar Jahrhunderte, etwas sei, das überwunden werden müsse. Das Gleichgewicht zwischen Mensch und Milieu, das die Umwälzungen des neunzehnten Jahrhunderts gestört hatten, mußte durch eine Anpassung des

Menschen an die neue Welt, die die alte immer radikaler verdrängte, wiederhergestellt werden, wenn der Deutsche und überhaupt der Europäer nicht innerhalb seiner eigenen Kultur wie ein Neger an den Segnungen einer Zivilisation, auf die er nicht vorbereitet war, zugrunde gehen sollte. Auf einem anderen Wege führten uns Nietzsche und unsere eigenen Erfahrungen zum selben Schluß und auf den gleichen Punkt wie die Betrachtung der Politik der Weltreiche, die lange auf der Höhe ihrer Macht sich gehalten hatten. Ebenso wie sie brauchte auch eine Kultur, um zu dauern, als ihre unentbehrlichsten Träger Persönlichkeiten, die ihr angepaßt und von ihr geprägt, doch stark und ungebrochen geblieben waren. Verschiedene Zivilisationen und Zeiten hatten Festigkeit des Charakters durch verschiedene Methoden erzielt. Aber in dieser wie uns schien fragwürdigsten und tragischsten aller bisher dagewesenen Welten schien es uns nicht zweifelhaft, daß der Weg zu einem ihr gewachsenen Menschen nur über die von Nietzsche als Samenkorn einer neuen Sittlichkeit gepredigte heroische Gesinnung gehen könne.

Die Art, wie Nietzsche uns beeinflußte, oder richtiger gesagt in Besitz nahm, ließ sich mit der Wirkung keines andern zeitgenössischen Denkers oder Dichters vergleichen. Er sprach nicht bloß zu Verstand und Phantasie. Seine Wirkung war umfassender, tiefer und geheimnisvoller. Sein immer stärker anschwellender Widerhall bedeutete den Einbruch einer Mystik in die rationalisierte und mechanisierte Zeit. Er spannte zwischen uns und den Abgrund der Wirklichkeit den Schleier des Heroismus. Wir wurden durch ihn aus dieser eisigen Epoche wie fortgezaubert und entrückt. Seit Byron hatte kein Rattenfängergenie so unwiderstehlich die Besten einer ganzen Jugend hinter sich hergezogen. Er stellte uns in ein neues geistiges Klima. Uns umgab eine neue Landschaft. Wir waren mit ihm ausgewandert in eine neue Welt, in der wir uns aber gleich zu Hause fühlten, weil uns dort unter fremden Sternen, in einem neuen Licht, als sei dieses ihre wahre Heimat, einige der größten Deutschen, Beethoven, Goethe, Fichte, Hölderlin, entgegenkamen. Nietzsche selbst hat in einem Fragment des «Willens zur Macht» dem Geisteszustand der Besten unserer Generation Ausdruck gegeben: «Wir wissen das *Wohin?* noch nicht, zu dem wir getrieben werden, nachdem wir uns dergestalt von unserem alten Boden abgelöst haben. Aber dieser Boden selbst hat uns die Kraft angezüchtet, die uns jetzt hinaustreibt in die Ferne, ins Abenteuer, durch die wir ins Uferlose, Unerprobte, Unentdeckte hinausgestoßen werden, – es bleibt uns keine Wahl, wir müssen Eroberer sein, nachdem wir kein Land mehr haben, wo wir heimisch sind, wo wir ‹erhalten› möchten. Ein verborgenes Ja treibt uns dazu, das stärker ist als alle unsere Neins. Unsere *Stärke* selbst duldet uns nicht mehr im alten, morschen Boden; wir wagen uns in die Weite, wir wagen *uns* daran: die Welt ist noch reich und unentdeckt, und selbst zugrunde gehen ist besser als halb und giftig werden. Unsere Stärke selbst zwingt uns aufs Meer, dorthin, wo alle Sonnen bisher untergegangen sind: Wir *wissen* um eine neue Welt ...» («Wille zur Macht», Fragment 172).

Wir ahnten sie erst, aber schon waren, fast ohne daß wir uns Rechenschaft davon gaben, ihre Söhne um uns; nicht bloß die großen Ahnen, sondern neu aus ihr Geborene, der Zukunft Zugewandte, erste Knospen Tragende, die dem müden Herbst der alten Welt in diesen neunziger Jahren den Glanz eines Vorfrühlings gaben; lauter damals noch Einsame, Einzelne, Verstreute, die aber wie Brüder einander glichen, ohne daß sich schon immer sagen ließ, auf welchen Zügen ihre Familienähnlichkeit beruhte. Aber alle hätten Nietzsches oben zitierte Worte als Ausdruck ihrer Gesinnung anerkannt; alle waren in seinem Sinne Abenteurer! Sie knüpften zwar über den neudeutschen Kulturprunk wieder an an die große klassische und romantische Tradition, an ihr reines und tiefes Menschentum; aber mit einem härteren Willen, der entschlossen war, statt zum Rückgriff auf die Vergangenheit zum Vorgriff in eine von ihm selbst zu gestaltende Zukunft. Daher nicht wie die Romantiker Schwärmer, sondern Wegbahner, oft Rebellen, immer aber, über allen Pessimismus und Zweifel triumphierend, Hoffende! Und weil sie alle im Kampf lagen mit den Satten und Zufriedenen dieser materiell und geistig fetten Zeit und gemeinsam abhingen vom Sieg unzeitgemäßer Wertungen, daher fühlten sie sich schicksalverbunden und geheimnisvoll zu einander hingezogen durch die Bande einer ihnen selbst nicht immer klar bewußten Mystik der Zukunft; Kameraden, für einander einzutreten bereit, noch bevor sie einander recht kannten.

Ich werde über einzelne dieser weit Zerstreuten, aber zu einer Gemeinde im Geist durch ihren Glauben an die Zukunft Vereinten noch viel zu sagen haben; denn sie haben nicht bloß die Richtung und den Inhalt meines eigenen Lebens mitbestimmt, sondern auch auf die Entwicklung Deutschlands tiefer eingewirkt als die von oben geförderten offiziellen Geistesrichtungen. Hier können sie zunächst noch anonym bleiben, wie sie mir selbst damals bis auf wenige, die zu meinem engsten Kreis gehörten, kaum mehr als ferne, undeutliche, aber freundliche und ermutigende Schatten waren. Nur ein Zug gehört noch hierher, weil er in der seelischen Struktur dieser neuen Menschen kaum weniger wesentlich war als ihre Mystik im Hinblick auf die Zukunft oder ihr Wille, in Goethes und Nietzsches Sinn tapfer und tätig zu leben: der Platz, den sie der Kunst in ihrem Leben einräumten; nicht bloß der Musik wie die Romantiker, sondern auch und fast noch mehr der bildenden Kunst, – und ganz besonders der Gestaltung ihrer täglichen Umgebung, ihrer Gebrauchsgegenstände, Wohnräume, Lebensatmosphäre. Vielleicht bekam bei ihnen und dem verwandten Kreis um William Morris in England zum erstenmal das Kunstgewerbe teil am mystischen Glanz, der die *große* Kunst, Architektur, Plastik und Malerei, von jeher verklärt hatte. Während unüberwindliche Hindernisse sie vorläufig noch von der Gestaltung des praktischen Lebens, des Staates und der Wirtschaft fernhielten, stieß die Anpassung an das neue Lebensgefühl in der Kunst auf die schwächsten Widerstände. In ihr offenbarte sich daher zuerst die tiefe Wandlung vom alten zum neuen Menschen, die später alles andere erschüttern mußte.

Denn wo wir uns grob täuschten, war in der bequemen Annahme, daß ein neuer, revolutionärer Mensch ohne schwere Geburtswehen zur Welt kommen und der Zeit sein Gesicht aufprägen könnte. Eigentlich hätte gerade ich dieser Täuschung nicht verfallen dürfen; denn ich kannte die wahre Geschichte des englischen «Gentleman», dieses «Frankenstein», seiner Erschaffung und seines märchenhaften Aufstiegs zum Herren eines Weltreiches. Nietzsche schwebte nicht in solchen Illusionen; im Gegenteil, in einem nachgelassenen Fragment heißt es: «Der Sieg eines moralischen Ideals wird durch dieselben unmoralischen Mittel errungen wie jeder Sieg: Gewalt, Lüge, Verleumdung, Ungerechtigkeit.» Ob wir diesen Preis zu zahlen bereit gewesen wären, wenn wir zu einer raschen und blutigen Entscheidung gedrängt worden wären, wie später die jungen Menschen der Nachkriegszeit, scheint mir allerdings zweifelhaft. Dazu steckte in uns noch zuviel Romantik und mystischer Optimismus. Vor allem aber: die großen Mutationen eines Volkscharakters ereignen sich nur in einer Not, wie sie die neunziger Jahre trotz der schon heraufziehenden Sturmwolken noch nicht kannten.

Nietzsche dachte sich den neuen Menschen als «guten Europäer». Die Stelle, wo er das mit dem größten Nachdruck ausgesprochen und mit allem Zauber seiner Sprache umkleidet hat, gehört zu den berühmtesten in «Jenseits von Gut und Böse»: «Dank der krankhaften Entfremdung, welche der Nationalitätswahnsinn zwischen die Völker Europas gelegt hat und noch legt, dank ebenfalls den Politikern des kurzen Blicks und der raschen Hand, die heute mit seiner Hilfe obenauf sind und gar nicht ahnen, wie sehr die auseinanderlösende Politik, welche sie treiben, notwendig nur Zwischenaktspolitik sein kann, dank alledem und manchem heute ganz Unaussprechbarem werden jetzt die unzweideutigen Anzeichen übersehen oder willkürlich und lügenhaft umgedeutet, in denen sich ausspricht, daß Europa eins werden will. Bei allen tieferen und umfänglicheren Menschen dieses Jahrhunderts war es die eigentliche Gesamtrichtung in der geheimnisvollen Arbeit ihrer Seele, den Weg zu jener neuen Synthese vorzubereiten und versuchsweise den Europäer der Zukunft vorwegzunehmen. Ich denke an Menschen wie Napoleon, Goethe, Beethoven, Stendhal, Heinrich Heine, Schopenhauer; man verarge es mir nicht, wenn ich auch Richard Wagner zu ihnen rechne, über den man sich nicht durch seine eigenen Mißverständnisse verführen lassen darf ... Sie sind sich in allen Höhen und Tiefen ihrer Bedürfnisse verwandt, grundverwandt: Europa ist es, das eine Europa, dessen Seele sich durch ihre vielfältige und ungestüme Kunst hinaus-, hinaufdrängt und sehnt – wohin? in ein neues Licht? nach einer neuen Sonne? ... Gewiß ist, daß der gleiche Sturm und Drang sie quälte, daß sie auf gleiche Weise suchten, diese letzten großen Suchenden.» («Jenseits von Gut und Böse», Aph. 256)

«Jenseits von Gut und Böse» war damals fast noch eine Neuerscheinung. Raoul Richter brachte es mir eines Tages. Ich übertreibe nicht, wenn ich sage, daß ich durch jene Stelle vom Jüngling zum Mann wurde, einen Willen und eine Richtung fürs Leben bekam. Die diplomatische Laufbahn, auf die ich mich vorbereitete, erhielt durch sie einen neuen Sinn und Inhalt; denn sie wurde etwas Größerem ein- und untergeordnet, als Teil der immer unvollkommenen, aber schon mehr als tausend Jahre funktionierenden Maschinerie zur Formung und Erhaltung einer «Christenheit» – der alte Name schien mir und scheint mir noch der treffendste und ausdrucksvollste –, einer sei es auch erst notdürftigen Gemeinschaft der Anschauungen und Kulturformen im gefährlichen Durcheinander europäischer Rassen, Völker und Staaten. Die Diplomatie war, so erschien sie mir jetzt, das Kernstück, das sozusagen die grobe Arbeit zu verrichten, Hindernisse fortzuräumen, Bande zu festigen, die Lockerung oder Schwächung der Gemeinschaft zu verhüten hatte und gerade hierin dem eigenen Volk unwiderlegliche Gründe für seinen Anspruch auf Geltung und Lebensraum liefern konnte. Kriege, das heißt solche wie die der sechziger und siebziger Jahre, die Europa noch keine tiefen Wunden schlugen, wurden durch diese Auffassung nicht ausgeschlossen; Europa hatte seit tausend Jahren jeden Krieg immer wieder überlebt, Kriegsformen, die es tödlich treffen könnten, gab es nicht – noch nicht. Auch bedeutete die Einstellung auf Europa keine Abkehr vom Nationalen, nur seine Zügelung. Ja, in gewissem Sinne seine Ausdehnung, nämlich auf die umfassendere europäische Nation. Daß – und wie schmerzlich – «Europa eins werden wolle», hatte ich sozusagen am Modell in mir selber erlebt, am Kampf meines englischen und deutschen Blutes, meines englischen, deutschen und französischen Kulturbesitzes in den Hamburger Jahren. Aber mir fehlte damals das Bewußtsein, daß dieses mich zeitweise vor das Nichts stellende Ringen mehr sei als eine persönliche Tragödie auf Grund ungewöhnlicher Schicksale und Zufälle. Nietzsche öffnete mir die Augen, daß sie nur ein Einzelfall eines viel allgemeineren Geschehens sei, aus dem nur drei Wege hinausführten: der zurück in das eng und fanatisch Nationale, der über die Vernichtung des Nationalen ins restlos Internationale und schließlich der, den ich instinktiv in Hamburg eingeschlagen hatte, des gezügelten und möglichst fruchtbar zu gestaltenden Wettstreits gegensätzlicher nationaler Werte. Nietzsche selbst war ein Beispiel, wie Qualitäten sehr verschiedener nationaler Herkunft sich gegenseitig zu einer hellen Flamme entzünden können. Er selber fühlte sich weniger als Deutscher denn als Slawe, als Nachkommen polnischer Schlachtschitzen. In Wirklichkeit stammte er aus jener Mischrasse mit vorwiegend slawischem und im Süden romanischem Einschlag, die den Grundstock der Bevölkerung Ostdeutschlands von Danzig über Dresden bis Wien und von Breslau bis Berlin bildet und Dürer und Bach, Mozart und Eichendorff, Schubert und Richard Wagner, gerade die deutscheste Kunst und Dichtung, hervorgebracht hat – und auch den preußischen «Junker» und den Wiener Walzer. Selbst seine Erscheinung ließ keinen Zweifel an seinem slawischen Blut. Jemand, der ihm zufällig auf Reisen begegnet war, schilderte ihn Mitte der siebziger Jahre als «einen Mann von hohem Wuchs mit langen mageren Armen und einem mächtigen runden Kopf, den ein borstiger Haarschopf krönte. Ich werde nie», fährt er fort, «den Eindruck vergessen, den er auf mich machte. Sein Schnurrbart, der tiefschwarz war, fiel beiderseits des Mundes bis unters Kinn; seine unnatürlich großen schwarzen Augen leuchteten hinter Brillengläsern wie Feuerkugeln. Ich glaubte, eine Wildkatze zu sehen. Mein Begleiter wettete, es sei ein russischer Dichter auf Reisen, der Beruhigung für seine Nerven suche. Wir staunten beide, als uns gesagt wurde, es sei ein Deutscher, Herr Friedrich Nietzsche, Professor der Philologie an der Universität Basel. Mochte Nietzsche auch in Sachsen geboren sein, Deutschland war für ihn nur ein Zufallsvaterland. Seiner Erscheinung, seinem Temperament, seinem Charakter nach ist er ein reiner Slawe.» Der das schrieb, war selbst ein Pole: der zum Kreis um Richard Wagner gehörende Theodor Wyzewski («Theodor de Wyzewa»), dessen Artikel (Revue Bleue, vom 7. November 1891) der erste war, der in Frankreich die Aufmerksamkeit auf Nietzsche lenkte; der erste auch, aus dem ich eine Vorstellung von seiner Person bekam.

5

Der Zufall wollte es, daß ich gerade in dieser Zeit, wo ich ganz von Nietzsche voll war, wieder persönlich mit Bismarck in Berührung kam. Nietzsche stand mit seinem «guten Europäertum» zu Bismarcks Politik in einem schroffen Gegensatz, bewunderte aber mit gewissen Vorbehalten dessen starke und geniale Persönlichkeit. «Gibt es gute deutsche Bücher? fragt man mich im Auslande», schreibt er einmal. «Ich erröte; aber mit der Tapferkeit, die mir auch in verzweifelten Fällen zu eigen ist, antworte ich: Ja, Bismarck.»

Die Entlassung lag ein Jahr zurück. Sie war vom deutschen Volk gleichgültiger hingenommen worden, als erwartet werden konnte; weite Kreise, vielleicht die Mehrzahl empfand sie im Augenblick wie eine Befreiung aus unerträglichem Druck. Inzwischen war die Stimmung in Adel und Bürgerschaft überraschend schnell umgeschlagen. Der junge Kaiser wurde allgemein kritisiert. Ein Freund, der von einem Besuch in Berlin und Pommern zurückkam, erzählte mir im Sommer 1891, daß auf Jagden jetzt so gesprochen werde, wie vor drei Jahren kaum unter Sozialdemokraten; auch von Offizieren in Kasinos, sogar in Gegenwart der Ordonnanzen. Es gäbe zuviel Sprunghaftigkeit und Willkür, zu viele unvorsichtige Reden; der Kaiser scheine selbst nicht zu wissen, was er wolle. Es werde sogar von geistiger Störung geflüstert. Ich selbst hörte dieses Gerücht einer geistigen Umnachtung in sächsischen Hofkreisen. Zum erstenmal seit 1870, vielleicht zum erstenmal überhaupt, wurde Bismarck populär. Im März 1891 forderte mich der Prinz Heinrich XXXI. Reuß auf, einen studentischen Aufruf für Bismarck zu unterzeichnen. Etwas zögernd tat ich es, obwohl ich, wie ich ausdrücklich bemerkte, nicht für die Einmischung von Studenten in politische Fragen sei und im Konflikt zwischen Bismarck und dem Kaiser nicht unbedingt auf seiten Bismarcks stünde. Aus den Beratungen über diesen Aufruf entstand der Plan einer besonderen Huldigung durch Überreichung eines silbernen Humpens; und die Urheber traten an mich heran, damit ich als Sprecher der Studentenschaft die Rede an den Fürsten bei der Überreichung halte. Dieses lehnte ich aus den soeben angeführten Gründen ab; aber da ich Bismarck trotz prinzipieller Einwände gegen seine Innenpolitik als den Einiger Deutschlands und gewaltigen Bildner der deutschen Sprache bewunderte und verehrte, er außerdem in Ungnade war und eine Absage wie Mangel an Zivilcourage gewirkt hätte, so sagte ich zu, mit an die Spitze der Deputation zu treten.

Der Akt, der in Kissingen im August vor sich ging, entbehrte leider nicht komischer Momente! Als wir in mehreren alten Landauern, die, wenn ich nicht irre, der Fürst uns zur Verfügung gestellt hatte, mittags im Frack mit der Kurmusik und drei Vorreitern durch eine dichte Menschenmenge langsam zur Oberen Saline fuhren, wo der Fürst sein Quartier hatte, warfen weibliche Kurgäste aus den Fenstern Blumen auf unseren Umzug, und ihre Herren tranken uns aus den Häusern mit Hurra Sekt zu. Dabei goß eine von den Damen meinem Nachbar im Landauer mit den Blumen ein Glas Sekt über den Frack, was in der Menge unbändige Heiterkeit und viele grobe Witze auslöste, auch eine kleine Schlägerei – und dazu beitrug, dem Ganzen den Charakter eines gemütlichen bayerischen Volksfestes mit Einzug eines Zirkus zu geben. Im Eingang zur Saline stand Herbert Bismarck, dunkel, verschlossen, düster, vom Pöbel, zu dem er wahrscheinlich auch uns rechnete, wie ein Coriolan Abstand suchend. Mit eisiger diplomatischer Verbindlichkeit nahm er uns in Empfang und geleitete uns wortkarg nach oben in den großen Saal, in den im gleichen Augenblick von der anderen Seite der Fürst mit dem «Reichshund» Tyras eintrat, hinter ihm Lothar Bucher und Schweninger. Die Regie war tadellos; vor uns das Bild, das in Hunderten von Illustrationen und vielen Panoptikumgruppen populär war: Schweninger mit seinem schwarzen Vollbart etwas geheimnisvoll wie ein Magier aus dem Morgenlande im Hintergrunde. Unser Humpen war mit Blumen auf dem Flügel aufgebaut. Der Student Eichler vom «Verein Deutscher Studenten» übergab ihn mit einer Ansprache, auf die der Fürst, in unserer Mitte stehend und die meisten um einen halben Kopf überragend, mit einer Rede antwortete. Leider habe ich nur einen Satz behalten: «Wir Deutschen, wenn wir einig sind, wir schlagen den Teufel aus der Hölle.» Überraschend und im ersten Augenblick befremdend war der Gegensatz zwischen dieser Sprache und dem Vortrag des Fürsten. Seine Fistelstimme würde niemand, wenn sie auf einer Grammophonplatte aufbewahrt worden wäre, als die des «Mannes von Blut und Eisen» erkennen. Nichts vom preußischen Unteroffizier, von Schnarren und Kommandieren lag in ihr, im Gegensatz zum Kasernenton, in dem der junge Kaiser sich gefiel. Im Gegenteil, der Fürst befleißigte sich eines Salontones, sprach langsam und scheinbar stockend, als ob er um die Formulierung seiner Gedanken ringen müsse, mit langen Pausen, so wie ein großer Motor, der schwer in Gang kommt; dann allmählich fließender, immer aber leise, ohne Pathos, selbst den eben angeführten Satz in einem gleichgültigen Ton, wie wenn es sich um eine hingeworfene Floskel handelte. Er bewegte sich dabei wie im Gespräch von einem zum andern; was, wie ich schrieb, «den Eindruck des Rhetorischen, aber auch den rhetorischen Eindruck noch mehr verminderte». Man hatte die Empfindung, daß Privatgespräche seiner Natur entsprächen, während er sich zum Reden zwingen müsse. Als er fertig war, ließ er den Humpen mit Sekt füllen, und nachdem er «auf die deutsche Studentenschaft» getrunken hatte, kreisen. Während dieses Umtrunks setzte er seinen Rundgang fort, ließ sich jeden vorstellen, machte Scherze, erzählte hier dem einen, dort dem andern eine Anekdote, meistens aus seiner Studentenzeit, lachte über gescheite Antworten, war ganz der vornehme Hausherr, der schmeichelhaften Besuch empfängt.

Inzwischen kam in komischem Kontrast zum leichten, geschliffenen Konversationston des Fürsten aus dem Garten ein wachsender Lärm; einige hundert oder tausend begeisterte Kurgäste, meistens ältere beleibte Herren, sangen die «Wacht am Rhein» und schwenkten Hüte, ein Meer von aufgewühlten Strohhüten. Als die Begeisterung immer lauter wurde, zeigte sich der Fürst zuerst am Fenster und ging dann in den Garten, während wir unter stürmischen Hurrarufen der durch die Anwesenheit Bismarcks in ihrem Haufen außer Rand und Band geratenen Kurgäste abfuhren, um einem Festkommers im «Altenburger Biergarten» beizuwohnen.

Dort erschien nach kurzem auch der Fürst im historischen Schlapphut und schwer auf einen monumentalen Bauernknittel gestützt in Begleitung von Schweninger und Herbert. Nachdem wir aufgesprungen und ihm rechts vom Vorsitzenden, dem Studenten Krähe, Platz gemacht hatten, rückte Herbert einen Stuhl neben mir an den Tisch, verfiel aber nach der üblichen Erkundigung, wie es meinen Eltern gehe, und einer kurzen Erwähnung der Tage, die er mit ihnen hier in Kissingen verlebt habe, in gelangweiltes Schweigen. Der Fürst war dagegen äußerst aufgeräumt, dankte für die Begrüßung mit einer Rede auf die Damen und erweckte den Eindruck, als ob er am Biertisch unter uns Studenten wieder ganz Student sei. Bald drängten sich im Garten hinter uns von neuem die begeisterten Kurgäste, die jeder einzeln mit dem Fürsten anstoßen wollten. Herbert, mein Freund Vietinghoff und ich mußten hinter ihm, um ihn vor dem Ansturm zu schützen, eine Barrikade aus Stühlen aufbauen. Aber da kam von vorne unter dem Tisch durch ein betrunkener Student in Couleur und begann, zwei Biergläser balancierend, an den Fürsten eine Ansprache. Dieser hatte sich, als der Student an seinen Beinen vorbeikroch, rasch erhoben, stand vor dem Betrunkenen und versuchte, sein Lachen zu verbergen, indem er sich in einem fort verneigte, während der Student, der das graue Elend hatte, laut schluchzte. Sooft dieser vor Tränen nicht mehr weiterkonnte, klopfte ihm der Fürst auf die Schulter und sagte: «Trinken Sie! *Trinken* Sie nur!» Bis der Besoffene auch das zweite Glas, das er dem Fürsten in die Hand drücken wollte (anscheinend wünschte er, mit ihm im Namen aller deutschen Studenten Brüderschaft zu trinken), auch noch geleert hatte. Schweninger, der irgendwo unauffällig unten am Tisch saß, von wo er den Fürsten beobachtete – er funktionierte wie eine Art von medizinischem Privatdetektiv –, machte schließlich der Szene ein Ende, indem er leise von hinten an den Fürsten herantrat und ihm zuflüsterte. Der Fürst, der gegen Schweninger den gehorsamen Untergebenen markierte, bat laut um «nur noch zehn Minuten», was die Begeisterung zum Überkochen brachte. Er setzte sich noch einmal, scherzte ein wenig, erhob sich dann und ging, indem er sich nach allen Seiten verneigte, schwer und steif auf seinen Knüppel gestützt, unter delirienhaftem Jubel an seinen Wagen.

Am nächsten Tag gab es einen Vorbeimarsch vor dem Fürsten, an dem die zahlreich von allen Universitäten hergeströmten Studenten teilnahmen. Er stand am Fenster im ersten Stock, und die Studenten warfen Blumen hinauf, die er in seinem großen Schlapphut auffing. Als ich ihn am Vormittag darauf im Walde traf und eine Strecke mit ihm ging, erzählte er voller Stolz, als ob es sich um einen Sport handle, er habe, wenn ich nicht irre, siebenzig Sträußchen aufgefangen.

Zum Nachmittag lud der Fürst sechs Studenten, unter anderen mich, in die Obere Saline zum «Kaffee». In Wirklichkeit gab es Sekt. Er kam uns mit Herbert im Großen Saal entgegen und stellte uns seinen beiden anderen Gästen vor: einem Oberleutnant von Bülow von der Ostafrikanischen Schutztruppe und einem katholischen Geistlichen. Dann führte er uns in ein kleineres Nebenzimmer, wo auf einem großen runden Tisch Blumen, Sektflaschen, Zigarren und Schwedische Streichhölzer, in Schachteln von der Größe von Zigarrenkisten, standen. Überhaupt war alles überdimensional und sehr reichlich. Hier war auch wieder Schweninger und ein langer rotblonder junger Mann, den der Fürst als seinen Sekretär, Herrn Chrysander, vorstellte. Wir setzten uns um den Tisch, der Fürst zündete sich eine lange Porzellanpfeife an, die Sektgläser, mächtige, wetterfeste Tulpen, wurden vollgeschenkt, Zigarren gereicht, und dann entwickelte sich ein Gespräch.

Ich hatte mir, mit halbem Herzen und auf Enttäuschungen gefaßt, vorgenommen, ihn, wenn er nicht von selbst davon anfinge, zu fragen, wie er sich unsere fernere Entwicklung in dem von ihm geschaffenen Reich denke? Schon die alten Landauer, als sie vorfuhren, traurige Rester aus der Zeit Kotzebues und der «Deutschen Kleinstädter», und ihre greisen Kutscher in himmelblauer Livree mit silbernen Knöpfen und alten verregneten Zylinderhüten, waren mir wie deprimierende Vorzeichen erschienen. Die grotesk-spießigen Formen, in denen sich die Begeisterung der Kurgäste austobte, hatten meine Stimmung noch weiter heruntergedrückt. Allmählich verdichtete sie sich, je länger und anscheinend freimütiger der Fürst sprach, zu dumpfer Hoffnungslosigkeit. Allerdings: seine Konversation war blendend, von einer Farbigkeit und Plastik, wie ich sie auch später selten erlebt habe. Leider kann eine Niederschrift keinen Begriff von ihrem seltsamen Zauber geben; denn er bestand aus einer Verbindung von meisterhafter Bildhaftigkeit der Sprache mit einer teils bewußten, teils unbewußten Schauspielkunst, die so vollendet war, daß sie wie knorrige norddeutsche Natur wirkte. Dabei half ihm ein durch vierzig Jahre Parlamentsreden entwickeltes sicheres Gefühl für Effekte, die oft nur durch raffiniert eingelegte Pausen erzielt wurden – und mehr noch die Romantik seiner Erscheinung, seines tief gefurchten, wie von tausend Stürmen zerrissenen Gesichts, seiner sonderbar großen, durch einen greisenhaften Schleier noch wetterleuchtenden Augen, seines weißen Halstuches nach der Mode von 1848. Er bediente sich dieser Vorteile bewußt, aber mit der bestrickenden Courtoisie, die an den Höfen von Berlin und Petersburg zur feinsten Technik des Menschenfangs geschliffen worden war, und formte sie zu einem Gesamtkunstwerk, das er gleichzeitig spielte und selber war. Ja, man übersetzte seine sturmbewegte Erscheinung unwillkürlich in Musik; doch erinnerte sie in ihrer romantischen Zerrissenheit und einer rätselhaften Zartheit, die manchmal im Lächeln den Mund zu umspielen schien, weniger an die Eroica von Beethoven als an ein zwischen vielen Gewittern und spärlicher Sonne nie zur Rast kommendes Motiv von Robert Schumann. Es hielt schwer, sich durch diese alle Register beherrschende, verführerische Kunst nicht den Kopf verdrehen zu lassen ... So mochte er zu seinen Kollegen am Bundestag, Prokesch-Osten und von der Pfordten, zum Prinzregenten Wilhelm, zu Gortschakoff, Napoleon, Disraeli gesprochen haben.

Aber eben: je länger man zuhörte, um so stärker zwang sich einem die Erkenntnis auf, daß, was er sagte, sich an eine Generation wandte, die der Vergangenheit angehörte oder, was fast das gleiche war, wie die Kissinger Kurgäste nur noch genießen wollte; alles war rückwärts gerichtet. Seine Konversation hatte trotz ihres Glanzes deshalb etwas Gespenstisches, als ob wir ihn von seinen verstorbenen Zeitgenossen fort aus dem Grabe geholt hätten. Bis auf die Außenpolitik, deren große Richtlinien auf Jahrhunderte feststehen, rückte sie alles in ein Licht, das nicht mehr von dieser Welt war. Uns, uns Jungen, hatte er offenbar nichts zu sagen. Nein, nichts, wenn er diese einzige, uns tief bewegende Situation, wo er zum erstenmal seit seinem Sturz, vielleicht zum erstenmal seit Jahrzehnten, mit der deutschen Jugend zusammentraf – wo diese Jugend mit stürmischer Verehrung und höchsten Erwartungen bei ihm Anschluß und Ziele suchte –, vorüberließ, ohne ihr zu sagen, wie er sich ihren Weg, ihre Reife, ihre Aufgabe vorstellte. Kein Zweifel, er machte sich selbst darüber keine Gedanken. Es wäre unbillig, schlimmer noch, naiv und taktlos gewesen, ihn zu fragen. Ich verzichtete, schwieg und hörte zu, wie er ein Stück nach dem andern seiner großen Vergangenheit hervorholte.

Wie um von vornherein den rückwärts gerichteten Charakter der Unterhaltung zu betonen, begann er mit Erinnerungen aus seiner Lehrzeit als Landwirtschaftseleve in Greifswald. «Ich wohnte da bei einem Tischler, Zornow, glaube ich – das Haus steht draußen am Hafen.» Er zog ein paarmal an seiner Pfeife und fuhr fort: «Das war auch so ein Irrtum vom grünen Tisch 'runter. Meine Eltern wollten, ich sollte die Landwirtschaft erlernen. Das Richtige wäre natürlich gewesen, daß ich als Volontär zu einem Inspektor gekommen wäre, wo ich morgens um vier hätte auf dem Felde sein müssen. Die Sache machte damals sogar große Schwierigkeiten. Ich diente gerade in Postdam bei den Gardeschützen; um nach Greifswald zu kommen, bedurfte ich einer Kabinettsorder Friedrich Wilhelms III. Ich mußte ja von einem Korps zum andern; das konnte kein Korpskommandant machen. Ich bin aber ein paarmal aus Neugierde in die Kollegien gegangen. Da bekamen wir Chemie und so was zu hören; aber theoretisch läßt sich die Landwirtschaft nicht lernen. Das ist gerade so, als ob man beim Militär gleich mit der Kriegsakademie, mit dem Höchsten, anfangen wollte.» Er fuhr fort: «Meine schlimmste Zeit war 1866; da rächten sich die Kämpfe, die ich hinter den Kulissen in den vorhergegangenen Jahren hatte ausfechten müssen. Es hatte sich eine Art von Geschwür hier» (er faßte sich mit einer bezeichnenden Geste an den Kopf) «gebildet, das dann, als alles überstanden war, platzte. Da bin ich nervös zusammengebrochen.» Vietinghoff, der Verwandte in den russischen Ostseeprovinzen hatte, schilderte ihre fast verzweifelte Lage unter den Russifizierungsmaßregeln Alexanders III. Der Fürst, der gute Beziehungen zu Rußland über alles stellte, hatte offenbar nur ein nebensächliches, etwas ironisches Interesse für diese Deutschrussen. «Sie sind nun einmal in die Höhle des Menschenfressers hineingeraten, und wir können ihnen nicht helfen. Wenn ich rein machiavellistische Politik treiben wollte, so würde ich sogar wünschen, daß sie möglichst bald russifiziert würden; denn solange sie deutsch bleiben, bilden sie für Rußland ein Element der Kraft, der Energie. Sie sind meist strebsam, ehrlich. Allerdings, mir sagte einmal ein Russe, daß ein Deutscher, wenn er einmal stehle, schlimmer sei als zehn Russen. Der Russe denkt nicht an die Zukunft, er begnügt sich mit dem, was er gerade für den Tag braucht; der Deutsche stiehlt aber für Frau und Kinder und Kindeskinder mit. Er gibt sich dabei einem gewissen Furor Teutonicus hin. Aber meistens hat er, wenn er als pensionierter Beamter oder General in seine Provinz zurückkehrt, das Bedürfnis, von seinen Gutsnachbarn angesehen zu sein, als Gentleman angesehen zu sein; daher bildet er, solange er Deutscher bleibt, ein wertvolles Material für Rußland.» Von hier kam er auf die Tendenz des modernen Staates zur Zentralisierung und Gleichmacherei und lehnte sie für das Reich ab: «Das konnte ich gestern vor der größeren Öffentlichkeit nicht so ausführen, als ich sagte, Sie sollten an der Verfassung festhalten. Ich bin nicht dafür, immer nachzusehen, ob alles richtig anwächst. Wenn man die Reiser, die man okuliert, immer wieder herausnimmt, um nachzuprüfen, so werden sie nie festwachsen. Ich habe immer die Besorgnis, das, was ich in vierzig Jahren mühsam aufgebaut habe, könnte Stein für Stein wieder abbröckeln. Wenn die einzelnen Bundesstaaten, Preußen nicht ausgenommen, die Überzeugung gewinnen, sie bekämen vom Reich nicht so viel, wie sie erreichen könnten, wenn sie selbständig wären, so ist das eine große Gefahr. Ich meine, wenn der König von Sachsen zum Beispiel glaubt, daß er nicht so in seinen Rechten geschützt wird, wie er es selbst tun könnte, oder daß er allmählich seine Souveränität verlieren könnte. Wenn wir nur, was nötig ist, gemeinsam haben, wenn wir nicht wieder in die sächsisch-preußischen und hessisch-preußischen Zollplackereien des Deutschen Bundes zurückfallen, dann haben wir alles, was wir brauchen. Wie heißt doch der alte Spruch? *«In necessariis unitas, in dubiis libertas, in omnibus caritas.»* Die Bundestreue muß auf der Freiwilligkeit beruhen. Ein sozialdemokratisches Reich zum Beispiel wäre unmöglich. Wir lassen uns nicht so zentralisieren wie die Franzosen; dazu sind wir Deutsche zu sehr *tetes carrées*» (dabei faßte er sich an seinen Schädel), «zu sehr Querköpfe. Ich sagte Ihnen schon vorgestern, daß ich eine solche Zentralisierung wie in Paris nicht für ein Glück halte, wo das Volk der Hauptstadt für das ganze Land die Regierungsform ändern kann. Der Kopf ist für das Land zu groß, Frankreich leidet an Kongestion nach dem Kopf.»

Jemand zitierte eine Stelle bei Busch, wo Bismarck ganz allein im Mondschein spazierengeht, um seine Pläne durchzudenken. «Ja, das ist schon richtig! Wenn man so auf einem ebenen Wege auf und ab geht, das belebt den Gedankengang; oder auch nachts im Bette, im Dunkeln. Es ist mir schon oft passiert, daß ich schnell Licht gemacht habe, um einen Gedanken zu fixieren, auf das, was zur Hand war, auf das Titelblatt eines Buches. Aber am nächsten Morgen, wenn ich es wieder durchlas, dann konnte ich es nicht gebrauchen; der Gedanke war schon richtig, aber die Form war zu aufgeregt, zu fieberhaft. Am schwersten ist es mir 1866 in Nikolsburg geworden. Ich hieß damals allgemein der Questenberg im Lager. Die Offiziere grüßten mich nicht mehr. Ich habe den König nie so heftig gesehen wie an diesem Tage, als ich ihm den Frieden vorschlug. An der einen Wand des Zimmers stand ein großes Sofa wie das da; der König warf sich drauf, schlug die Hände vor dem Gesicht zusammen» (der Fürst spielte die ganze Szene) «und schluchzte, als wenn ihm der Bock stiege. Ich blieb aber fest. Ich sagte dem König, daß, wenn er den Frieden nicht annehmen wolle, ich nicht mehr Minister bleiben könne. Doch wir schieden noch im Zwiste. Wir konnten aber nicht weiter Krieg führen; wir hatten die Cholera im Leibe. Als ich zum König kam, traf ich zwei Infanterie-Obersten im Vorzimmer; ich fragte sie, wie es ihnen ginge? Der eine sagte mir, er hätte dreihundert Mann an der Cholera liegen, der andere, daß nur noch ein Drittel seines Regiments gesund sei. Das machte mich noch härter. Wenn wir den Krieg weitergeführt hätten, hätten wir nach Ungarn hinein gemußt. Ich kannte Ungarn aus eigener Anschauung, wo die Höfe Quadratmeilen groß sind, und auf jedem Hof meist nur ein Brunnen, so ein gedeckter Brunnen» (der Fürst zeichnete den Brunnen in die Luft) «mit einem Eimer. Das Wasser hätten wir trinken müssen! Und was sollten wir mit dem riesigen Block von Provinzen machen, die sich von Tirol bis Siebenbürgen hinziehen? Wenn wir ihn zerstört hätten, hätten wir ihn wieder aufbauen müssen, und das konnten wir nicht. Ich fragte damals Moltke, was er tun würde, wenn wir eine französische Kriegserklärung bekämen. Er antwortete: «Dann ziehen wir uns hinter die Elbe zurück und führen von da aus beide Kriege weiter.» Das genügte mir! Wenn er gesagt hätte: dann beendigen wir hier den Krieg und gehen gegen Frankreich vor; oder: dann schließen wir den Frieden *à tout prix* und gehen dann gemeinsam mit Österreich oder allein gegen Frankreich vor, – dann hätte ich vielleicht geschwankt. Aber so war ich fixiert! Es wäre ein Jammer gewesen, alle Vorteile, die wir durch den Krieg gewonnen hatten, wieder aufgeben zu müssen. Und dann sagte ich Moltke, wir bekämen einen Volkskrieg in Frankreich. Es lag die Gefahr nahe, daß, sobald wir die französische Grenze überschritten, das Volk sich erheben würde; das ist schon drei- oder viermal im Laufe der Geschichte vorgekommen. Ich habe aber den alten Moltke nicht überzeugt. Als ich vom Vortrag beim König wieder auf mein Zimmer kam, da war ich in einer Stimmung, daß ich nicht wußte – mein Zimmer lag im dritten Stock –, ob ich nicht zum Fenster hinausfallen sollte. Da kam der Kronprinz zu mir, klopfte mir auf die Schulter und sagte: «Sie wissen, ich bin von Anfang an gegen diesen Krieg gewesen, den Sie eingefädelt haben; aber wenn Sie ihn zu beenden wünschen, werde ich mit meinem Vater sprechen und sehen, ob ich ihn umstimmen kann.» Ich antwortete: «Das wäre ja sehr liebenswürdig, Königliche Hoheit.» Der Kronprinz ging dann zum König; und nach einiger Zeit brachte er mir meinen eigenen schriftlichen Antrag, den ich dem König vorgelegt hatte, vom König unterschrieben zurück. An den

Rand, so quer daneben, hatte der hohe Herr eine für mich recht wenig schmeichelhafte Bemerkung geschrieben, eigentlich eine Beleidigung: «Da mein Sohn sich auf die Seite meines Ministerpräsidenten gestellt hat, der mir vor dem Feind mit Aufsagung seiner Dienste droht, und da ich denselben augenblicklich nicht ersetzen kann, so unterzeichne ich nach glorreichen Siegen diesen schmachvollen Frieden.» Der Fürst lachte bei diesem Zitat so, daß ihm die Tränen in die Augen traten.

Auf eine Frage, ob es richtig sei, daß er Aufzeichnungen aus seinem Leben mache, antwortete er: «Ja –» (er stockte, zog erst ein paarmal an seiner Pfeife) «wohl *aus* meinem Leben, aber nicht *bei* meinem Leben. Die Stimme aus dem Grabe hat mehr Gewicht. Und dann will ich die Wahrheit sagen; ich will ja keine Geschichtsfälschungen begehen! Und die Wahrheit sagen, geht bei unseren heutigen Zuständen nicht in allen Fällen. Ich würde mir auch sehr viele Feinde machen, und deren habe ich schon genug.»

Trotzdem wagte der geistliche Herr jetzt einen großen Vorstoß und warf wie eine Bombe die Frage ins Gespräch, was der Fürst von Wilhelm II. halte? Bismarck litt an einer Verstopfung in einem Auge; in gewissen Abständen rollte ihm eine Träne über die Backe, was ihm eine gewisse Ähnlichkeit mit einem großen, etwas triefäugigen Bernhardiner verlieh. Zuerst schwieg er und schien mit sich zu kämpfen; dann, im Augenblick, wo die Träne rollte, griff er nach seinem Glas, erhob sich halb und sagte feierlich: «Wir wollen auf den *alten* Kaiser anstoßen; *das* war ein vornehmer Herr. Er konnte ja auch mal heftig werden, mal aufbrausen. Aber das schadete nichts; nachher tat es ihm leid, und in zehn Minuten war alles wieder gut. *Er* hatte nie das Gefühl, daß man ihm an die Krone faßte; so was wäre ihm nie eingefallen. Er blieb immer oben. Im Gegenteil, er freute sich, wenn seine Diener, wie ich, mächtig und angesehen waren. Es waren ja seine Diener; er blieb immer die Spitze der Pyramide. So muß es auch sein, sonst verliert man die Gentlemen aus seiner Umgebung! ...»

«Der alte Herr war ja auch immer gegen seine Diener von rührender Liebenswürdigkeit; so, wenn er die Witwen seiner Beamten und Offiziere bis in sein spätes Alter besuchte, wo er nur mit

Mühe die Treppen hinaufkommen konnte. Sehr charakteristisch war eine Geschichte, die einmal mit einem seiner Beamten passierte. Er hatte ja nie Geld bei sich; nur seine Weihnachtseinkäufe, die machte er selbst. Dazu wurden ihm einige Goldrollen in die Tasche gesteckt» (der Fürst griff dabei nach seiner Seitentasche), «und mit diesen bezahlte er dann, was er kaufte. Einmal waren die Rollen, nachdem er wieder nach Hause gekommen war, im Rock vergessen worden. Der Kaiser verlangte danach; doch sie waren weg. Später wurden sie aber wieder zurückgeschafft. Nur *ein* Beamter konnte sie genommen haben. Der alte Herr ließ ihn kommen, fragte ihn, und nach einiger Zeit gestand der Betreffende es auch ein. Der Kaiser sagte nichts, sondern gab ihm nur eine tüchtige Ohrfeige. Als der Betreffende dann gehen wollte, rief er ihn aber zurück und sagte: «Hier, nun nehmen Sie auch wenigstens Ihr Geld mit!» Und gab ihm die gestohlenen Rollen. Er hatte seine Strafe gehabt, nun sollte er auch den Vorteil davon haben.

Der alte Herr war ja kein Adler mit seiner hausbackenen Auffassung der Politik. Es ist mir mal passiert zu einer Zeit, wo wir mit Rußland und Österreich ein Bündnis hatten und auch mit England und Italien uns gut stehen mußten, daß er mir auf die Schulter klopfte und sagte: ‹Wissen Sie, ich freue mich jeden Tag, daß ich nicht in Ihrer Haut stecke. Sie kommen mir immer so vor wie der Mann im Zirkus – wie heißt er noch? –, der Equilibrist, der mit fünf Kugeln spielt, von denen immer drei in der Luft sind.› Aber ich habe nie einen so furchtlosen Menschen gekannt. Nach der Nobilingschen Affäre, zu einer Zeit, wo er die Regierung noch nicht wieder angetreten hatte, als ich zu ihm kam, um ihm zum erstenmal einen politischen Vortrag zu halten über den Berliner Kongreß, der zu gleicher Zeit tagte – sein Kopf war noch ganz eingewickelt, und er hatte Schmerzen hier überall» (der Fürst faßte sich dabei an Kinn und Backen) –, «da sagte er zu mir: ‹Wissen Sie, meine Ärzte sind alles dumme Kerls gewesen› – entschuldigen Sie, Professor» (zu Schweninger gewendet) –, «‹der einzige, der gewußt hat, was mir fehlte, das war der Nobiling; der hat mich mal tüchtig zur Ader gelassen.› Dabei war sein Mantel, wie man mir erzählte, als man ihn hinauftrug nach dem Attentat, ganz schwer von seinem Blut, so daß man den Unterschied des Gewichtes fühlte. Aber er hatte recht, es war so eine Art Aderlaß, und die Sache hat ihm gut getan; während er früher oft bei Vorträgen den Faden verlor und an mich Fragen richtete, über die ich mich wunderte, ist er von da an ganz klar gewesen, bis an sein Lebensende.» Bülow erwähnte, daß der Fürst bei seinem Fortgange aus Berlin Blumen am Grabe des Kaisers niedergelegt habe. «Ja, ja, man hatte uns Blumen in den Wagen geworfen, und da wählte ich einige der schönsten Rosen, wie diese hier» (die, welche wir dem Fürsten gegeben hatten) «– mein Gärtner hatte vergessen, mir welche zu schicken, und es war auch keine Zeit mehr, sonst welche zu holen –, und legte sie auf den Sarg nieder; ich hatte das Bedürfnis, noch einmal die Nähe des alten Herrn zu fühlen.»

Herbert, der zuerst unruhig und undurchsichtig geschwiegen, dann sich entfernt hatte, erschien jetzt wieder in der Tür wie eine stumme Mahnung zum Aufbruch. Der Fürst begleitete uns bis in den großen Saal, schüttelte jedem kräftig die Hand und sagte: «Auf Wiedersehen!» Einen Augenblick stand er noch auf dem Treppenabsatz, groß, massig, ein Gebirge von einem Menschen, mit dem Schnee des kurzgeschnittenen Haares, dem gewaltigen Kopf, der ihm herb auf den breiten Schultern saß, den struppigen, buschigen, weißen Augenbrauen über den eisblauen Augen. «Auf Wiedersehen!» Als wir dann schon auf der Treppe waren, rief er es noch einmal. Dann ging er schwerfällig; man hörte, nachdem er verschwunden war, noch seine schweren Schritte.

Ich verließ Kissingen mit widersprechenden Empfindungen. Menschlich hatte der Fürst mich wieder bezaubert; politisch den geschilderten, befremdend rückwärts gerichteten, fast altmodischen Eindruck hinterlassen. Er bot uns jungen Deutschen als Lebenszweck ein politisches Rentnerdasein, die Verteidigung und den Genuß des Erworbenen; unser Schaffensdrang ging leer aus. Am meisten überraschte sein totales Übersehen der Wandlungen des deutschen Menschen seit 1848 und 1870; ja, der menschlichen Auswirkungen seines eigenen Lebenswerkes. «Der Deutsche», derjenige, mit welchem er für des Reiches Zukunft rechnete, war noch immer der Deutsche der Freiheitskriege und der Paulskirche; alles Spätere interessierte ihn nur taktisch, als Schachfigur in seinem Spiel, ohne daß er es verstand oder zu verstehen wünschte. So empfand er uns Studenten als ganz die gleichen wie die, mit denen er vor sechzig Jahren in Göttingen gekneipt und gepaukt hatte. Und so überschätzte er die Tiefe der noch fortlebenden dynastischen und partikularistischen Gefühle; und das angesichts einer Volksbewegung – von der unsere Demonstration ein Teil war –, die zeigte, wie stark jene Stimmungen schon unterhöhlt und durch andere, neudeutsche überwuchert waren. Er war, wie schmerzlich in die Augen sprang, kein Anfang, sondern ein Ende, ein grandioser Schlußakkord – ein Erfüller, kein Verkünder! Doch ein Erfüller mit dem Temperament und der Unduldsamkeit eines Propheten! Das täuschte Freund und Feind.

Auf der Rückreise nach Leipzig blieb ich in Erfurt. Der Erfurter Dom war wie eine Quintessenz des deutschen Mittelalters. Das schwere romanische Hauptschiff öffnete sich durch den dunklen Engpaß des Mittelteils auf den luftigsten aller gotischen Chöre. Dort füllte das Licht wie ein feiner Goldstaub den weiten Raum. Das geschwungene Maßwerk der Decke, die schlanken Säulenschäfte schimmerten wie Gebilde aus Edelstein und blauem Duft im flutenden Gold. Man fühlte nur noch verschwimmende Farben und wogendes nebelartiges Licht, als blicke man aus Nacht auf eine himmlische Vision. Der irdische Pomp hohenstaufischen Kaisertums und die Jenseitigkeit deutscher Mystik standen unvermittelt nebeneinander. Der Versuch, sie im Heiligen Römischen Reich Deutscher Nation durch eine Doppelspitze, Kaiser und Papst, miteinander zu versöhnen, war mißlungen. Ihr nie befriedigter, immer wieder als stürmische Leidenschaft ausbrechender Drang nach Vereinigung war das tragische Grundmotiv der deutschen Geschichte. In der englischen, der französischen, der spanischen – wie in der griechischen und römischen – hatte es Augenblicke, ganze Epochen gegeben, wo Seele und Materie eins wurden; aber deutscher Geist und deutsche Macht waren nie in eine Form geflossen. Der Abgrund zwischen beiden blieb durch die Jahrhunderte wie eine Wunde blutend offen am deutschen Volkskörper. Tiefer noch als die Einzelstaaterei hatte dieser

Riß das deutsche Volk gespalten und geschwächt. Hatte Bismarck ihn geheilt? – Hatte er Geist und Macht zusammengefaßt wie Augustus in Rom, wie der heilige Ludwig und seine Nachfolger in Frankreich – wie es der große Hohenstaufe Friedrich in seinem Reich wenigstens versucht hatte? Was hatte Bismarck seinem Machtstaat an Geist – an Ideen, Idealen, Wunschträumen – mitgegeben? Sichtbar und unbestreitbar nur eines, allerdings etwas Großes, die Erhaltung der deutschen Einheit.

Aber konnte dieses Ziel, nachdem die Einheit, wenigstens im ganzen und großen, verwirklicht worden war, noch den gleichen fortreißenden Idealismus nähren wie zur Zeit, da das geeinigte Reich dem deutschen Volke als Wunschbild vorschwebte? Man brauchte nur die Augen aufzumachen, um zu sehen, daß dieses Feuer nicht mehr reichte, um den Guß zu vollenden, das heißt die Macht des deutschen Geistes und die des preußisch-deutschen Staates in eins zu schweißen. War das Werk also wieder wie unter den Hohenstaufen im letzten Augenblick mißlungen? Hier im Erfurter Dom, vor dieser romantischen Verkörperung der deutschen Zerrissenheit, erhob sich die Frage. Man war jung, man wollte Zuversicht. Vielleicht, lautete diese Zuversicht, war das neue Reich eine vorläufig noch leere Form, aber eine, in der die tragisch getrennten Elemente der deutschen Seele zu einem rein tönenden Metall zusammenschmelzen könnten? Vielleicht war ebendieses *unsere* Aufgabe, die der jungen Menschen, die dem Ruf Goethes und Nietzsches nach tapferer und tätiger Lebensführung folgen wollten? Fest stand für mich allerdings jetzt, daß Bismarck das Werk nicht zu Ende hätte führen können; daß er keinen Weg in diese deutsche Zukunft sah, daß er ihn auch nie hätte finden können, weil Geist, Seelen, Menschen ihm immer nur Mittel zum Zweck, Diener seines Willens zur Macht gewesen waren. Die gewaltige Erscheinung, die noch so gewitterhaft erhellt war, stand schon weit zurück am Wege, auf dem wir Jungen, etwas unsicher, aber kampfbereit in die Zukunft schritten.

QUELLENNACHWEIS

Die erste Ausgabe des Memoirenbandes *Gesichter und Zeiten. Erinnerungen* von Harry Graf Kessler ist 1935 im S. Fischer Verlag erschienen; eine Neuauflage folgte 1962, ebenfalls bei S. Fischer, Berlin.

Das Werk ist in zwei Großkapitel untergliedert: Das erste Kapitel, «Mémé», stellt eine Hommage an die Mutter dar – eine beinahe separate Lebensbeschreibung der Gräfin Kessler von den ersten Ehejahren bis zu ihrem Tod, wobei der Sohn vielfach aus Briefen und Aufzeichnungen der Mutter zitiert.

Hier wiedergegeben wird lediglich das zweite, «Lehrjahre» überschriebene Kapitel, das mit der Schulzeit in Paris beginnt und mit einer Bismarck-Begegnung am Ende der Leipziger Studentenzeit endet. Das Kapitel bildet eine selbständige, vom ersten Teil deutlich getrennte Einheit, so daß die separate Publikation gerechtfertigt erscheint.

Der Text folgt der Ausgabe von 1962.

Das Titelbild zeigt Harry Graf Kessler als Schüler in Ascot (1880 bis 1882; verwendet wurde eine Schwarzweiß-Reproduktion). Das Original der Aufnahme befindet sich im Besitz des Deutschen Literaturarchivs Marbach.

ERLÄUTERUNGEN

15 Juchten: speziell gegerbtes Rindsleder
22 Karriere: die schnellste Gangart des Pferdes
25 Malvolio: Haushofmeister Olivias in Shakespeares Komödie *Was ihr wollt*
29 Wyneken und Geheeb: Gustav Wyneken (1875–1964), Gründer der Freien Schulgemeinde Wickersdorf, und Paul Geheeb (1870–1961), Gründer der Odenwaldschule, waren bedeutende Vertreter der Reformpädagogik.
34 Pferdebahn: ein von Pferden gezogenes öffentliches Verkehrsmittel, Vorläufer der Straßenbahn
48 Vulkan Krakatoa: Die Eruption der indonesischen Vulkaninsel Krakatoa (Krakatau) im Sommer 1883 hatte weltweite Auswirkungen, beispielsweise eine deutliche Veränderung der Farben beim Sonnenuntergang.
59 «Bérénice»: Erzählung von Edgar Allan Poe (1835)
59 «Phèdre»: Tragödie von Jean Racine (1677)
69 Marathon: Schauplatz einer Schlacht zwischen Persern und Athenern im Jahr 490 v. Chr.
69 Thermopylen: Schlacht bei den Thermopylen im Zweiten Perserkrieg (480 v. Chr.)
69 Salamis: Seeschlacht zwischen Griechen und Persern unweit von Athen (480 v. Chr.), die mit einem Sieg der Griechen endete
69 Magna Charta: bedeutendes verfassungsähnliches Dokument von 1215, das die Rechte des englischen Adels gegenüber der Krone sichert
69 Habeaskorpusakte: englisches Gesetz von 1679, das einen Schutz gegen willkürliche Verhaftungen gewährt
78 Sbirren: italienische Justiz- oder Polizeidiener
79 *et je craindrais ...:* frz.; etwa «Ich würde nicht wagen, Sie zu belästigen, wenn ich es nicht im Auftrag einer anderen Person täte.»

80 Kotillon: frz. Gesellschaftstanz

85 Standesherren: Mitglieder des Hochadels, die nach der Auflösung des Heiligen Römischen Reiches 1803 ihre Herrschaftsrechte verloren hatten, denen aber zum Ausgleich Sonderrechte gewährt wurden

86 p. p. c. Karten: Visitenkarten mit dem Vermerk «p.p.c.» – «pour prendre congé» («um Abschied zu nehmen»)

88 einpauken: das Einüben des Fechtens in einer schlagenden Studentenverbindung

93 «Mignon»: Oper von Ambroise Thomas (1866)

93 En ce pauvre monde ...: frz.; «Wenn in der armseligen Welt, in der wir uns befinden / Jede Frau wie ich wäre: / Kokett, beschwingt und treulos ...»

94 *Mais avant tout je tiens à ma liberté:* frz.; «Vor allem aber lege ich Wert auf meine Freiheit.»

94 *Ceux-là sont les plus dangereux:* frz.; «Das sind die Gefährlichsten.»

95 Maintenon: Françoise d'Aubigné (1635–1719), Madame de Maintenon, Maitresse und in sog. morganatischer Ehe mit Ludwig XIV. von Frankreich verheiratet

99 Gaurisankar: Berg im Himalaya

100 Panduren: bewaffnete Diener oder Fußsoldaten

105 «Fioretti»: «Fioretti di San Francesco», eine Sammlung von Legenden aus dem Leben des hl. Franziskus

117 Nessushemd: In der griechischen Mythologie ein mit dem Blut des Kentauren Nessos getränktes Hemd, das Herakles, als er es später auf Veranlassung seiner Frau trägt, einen qualvollen Tod bereitet

134 *In necessariis unitas ...:* lat.; «In notwendigen Dingen Eintracht, in zweifelhaften Freiheit, in allen aber Nächstenliebe.»

134 Nikolsburg: In Nikolsburg wurde 1866 nach der Niederlage Österreichs in der Schlacht von Königgrätz ein Vorfriede zwischen Preußen und Österreich geschlossen.

134 Questenberg: Gerhard von Questenberg (um 1586–1646), Diplomat, Freund und Berater Wallensteins, auf einen Ausgleich mit dem Wiener Hof bedacht

135 *à tout prix:* frz.; «um jeden Preis»
137 Nobilingschen Affäre: Karl Eduard Nobiling verübte 1878 ein – gescheitertes – Attentat auf Kaiser Wilhelm I.

Im hier wiedergegebenen Kapitel der Memoiren werden zahllose Namen von Zeitgenossen des Autors genannt. Sie sind ohne Zweifel von zeitgeschichtlichem Interesse, nähere Angaben sind für das Verständnis dieses Teils der Lebenserinnerungen aber nicht zwingend erforderlich. Auf die Aufnahme von Personennamen in die Erläuterungen wurde daher generell verzichtet.

ZEITTAFEL

1868 Harry Clément Ulrich Kessler wird am 23. Mai in Paris geboren. Vater ist der – später in den erblichen Grafenstand erhobene – international tätige Bankier Adolf Wilhelm Kessler, der im Laufe seines Berufslebens ein beträchtliches Vermögen erwirbt. Harrys Mutter ist Adolf Wilhelm Kesslers Ehefrau, die in Bombay geborene Irin Alice Harriet Baronesse Blosse-Lynch. – Harry Kessler verbringt seine Kindheit in Paris, Hamburg, England und Amerika.

1877 Geburt der Schwester Wilma (später: Marquise de Brion), deren Patenschaft Kaiser Wilhelm I. übernimmt

1880 Wechsel von der Pariser Schule auf ein Internat im englischen Ascot (St George's School); die Familie bleibt in Paris. Harry beginnt ein Tagebuch, das er viele Jahre in englischer Sprache und später bis zum Lebensende auf Deutsch führt.

1882 Harry wechselt ans renommierte Johanneum, ein Gymnasium in Hamburg.

1888 Abitur am Johanneum als Klassenbester. Anschließend dreijähriges Jurastudium in Bonn und Leipzig, daneben Besuch von Vorlesungen in Psychologie und Kunstgeschichte. Berufliches Ziel ist der Eintritt in den diplomatischen Dienst.

1892 Weltreise (u.a. durch die USA und Kanada, nach Japan, China, Indien, Malaysia und Ägypten). Einjährig-freiwilliger Militärdienst bei den 3. Garde-Ulanen in Potsdam.

1894 Juristische Staatsprüfung und Promotion

1895 Tod des Vaters. Harry Kessler ist materiell abgesichert und wendet sich der Kunst zu, zumal die erhoffte Position im Auswärtigen Amt vorerst nicht in Sicht kommt. – Mitherausgeber der neu gegründeten Kunstzeitschrift *Pan*.

1896 Reise durch Mexiko

1898 *Notizen über Mexiko* (Reisebericht)

1902 Kessler wird Direktor des Großherzoglichen Museums für Kunst und Kunstgewerbe in Weimar und betreibt eine höchst moderne Ausstellungspolitik. In Weimar enger Kontakt mit Elisabeth Förster-Nietzsche, der Schwester des Philosophen. Zusammenarbeit mit Henry van de Velde.

1903 Geschäftsführender erster Vizepräsident des in Weimar gegründeten Deutschen Künstlerbunds, der Künstler wie Edvard Munch oder die Maler der Brücke unterstützt

1906 Nach einem großherzoglichen Affront Rücktritt vom Amt des Museumsdirektors. Kessler behält sein Haus in Weimar (und eine Wohnung in Berlin), lebt aber vorwiegend im Ausland, vor allem in Frankreich. Als Mäzen Kontakt zu zahlreichen bedeutenden Künstlern. Zusammenarbeit mit Hugo von Hofmannsthal, u.a. am *Rosenkavalier*.

1908 Griechenlandreise mit dem von ihm protegierten Bildhauer Aristide Maillol und Hugo von Hofmannsthal

1911 Kessler wird Präsident des Komitees zur Errichtung eines Nietzsche-Denkmals in Weimar. Enge Kontakte zu führenden Politikern.

1913 Einrichtung eines eigenen Verlages, der Cranach-Presse in Weimar, in der Kessler im Laufe der Jahre seine Vorstellungen von moderner Buchkunst verwirklicht. Kessler publiziert u.a. Shakespeares *Hamlet* in der Übersetzung von Gerhart Hauptmann, Vergils *Eklogen* und Rilke-Gedichte.

1914 Teilnahme am Ersten Weltkrieg und Einsatz an der Front

1916 Kessler übernimmt die Leitung der deutschen Kulturpropaganda in der Schweiz und organisiert dort große Konzerte, Theater- und Kinovorstellungen.

1918 Nach der Kapitulation in Berlin Kontakte zu führenden Vertretern der politischen Linken. Im November/Dezember kurzzeitig Gesandter des Deutschen Reichs in Warschau, anschließend im Status eines Gesandten z. D. mit Zugang zu informellen Besprechungen im Auswärtigen Amt.

1919 Kessler präsentiert einen eigenen Entwurf für einen Völkerbund. – Tod der Mutter.

1920 Auf Einladung der Deutschen Friedensgesellschaft Vortragsreisen durch Deutschland, daneben Vorträge in großen Städten des europäischen Auslands. Gelegentliche Tätigkeit als Unterhändler, z.B. zwischen Berlin und London, außerdem in den folgenden Jahren Teilnahme an internationalen politischen Konferenzen sowie publizistische Arbeiten.

1922 Kurzzeitig Präsident der Deutschen Friedensgesellschaft

1923 Vortragsreise durch die USA

1924 Eintritt in die linksliberale Deutsche Demokratische Partei und (vergebliche) Kandidatur für ein Reichstagsmandat. Nach der Wahlniederlage weitgehender Rückzug aus der Politik.

1925 Schwere, langwierige Erkrankung

1928 Rathenau-Biographie

1933 Kessler verläßt Deutschland und lebt teils in Paris, teils auf Mallorca; er arbeitet an umfangreichen Memoiren.

1935 *Gesichter und Zeiten* (der einzige zu Lebzeiten publizierte Teil der Autobiographie)

1936 Die Schwester Wilma unterstützt den inzwischen mittellosen Bruder und bringt ihn in der Umgebung von Lyon unter.

1937 Harry Graf Kessler stirbt am 30. November in der Nähe von Lyon.

INHALT